Rowan Ellis • Jacky Sheridan

HERE & QUEER

Aus dem Englischen von
Hanna Christine Fliedner

CARLSEN

ROWAN ELLIS ist eine britische Autorin und Video-Essayistin. Sie setzt sich für LGBTQ+-Rechte und -Themen ein und produziert Inhalte rund um queere Geschichte, Popkultur und Aktivismus. Medien wie das Wirtschaftsmagazin *Forbes*, der *Guardian*, die *Teen Vogue*, *Elle UK* und die *BBC* haben schon über ihre Arbeit berichtet. Außerdem ist sie eine der Gründer*innen und Organisator*innen des Ruckus Retreats für Kreative. Sie lebt in London, zusammen mit ihren beiden Katzen Persephone und Ichabod und einem Backofen, der immer mit süßen Leckereien gefüllt ist.

JACKY SHERIDAN ist eine bisexuelle Illustratorin aus Irland. Mit ihrem einzigartigen Humor und ihrem kontrastreichen Zeichenstil schafft sie ausdrucksstarke, lustige und spannende Kunst in auffälligen Farben. Ihr Illustrationstalent setzt sie gern für künstlerischen Aktivismus rund um Themen ein, die ihr am Herzen liegen, wie queere Rechte und Sexualität, Feminismus, körperliche Selbstbestimmung und Body Positivity.

Instagram: @Jacky Sheridan
Website: www.jackysheridan.com

© Billy Woods

ANNIE SEGARRA, auch bekannt als Annie Elainey, ist eine US-amerikanische YouTuberin, Künstlerin und Aktivistin. Annie – selbst queere Latinx mit Behinderung – setzt sich für mehr Barrierefreiheit, Body Positivity und Repräsentation marginalisierter Communitys in den Medien ein.

HAFSA QURESHI ist eine offen bisexuelle muslimische Aktivistin. Sie betreibt Aufklärungsarbeit und engagiert sich für mehr Sichtbarkeit queerer Muslim*innen.

Gerade noch in einer Talkshow gesehen, im nächsten Moment begegnet man ihr auf TikTok. **LEONIE PLAAR** ist ein echtes Multitalent und begeistert mit Analysen, Lehrvideos, aber auch privaten Geschichten. Laut, mutig und authentisch! Ihr findet sie in den sozialen Medien als @frauloewenherz.

MAZ HEDGEHOG ist Schriftsteller*in, Herausgeber*in und Performer*in. Dey arbeitet in den Grenzräumen zwischen dem Wirklichen und dem Unwirklichen, zwischen Lyrik und Theater, zwischen dem Selbst und dem Anderen. Deren Arbeit hat den Weg auf Bühnen und hinter Mikrofone in ganz Großbritannien gefunden, ist fantasievoll, poetisch und mitunter ein bisschen surrealistisch, was an Maz' Affinität zu Feen und Folklore liegt. Ihr findet demm in den sozialen Medien als @MazHedgehog.

MIKAELA MOODY ist eine weiße, nicht-binäre lesbische trans* Frau aus den englischen Midlands. Sie hat das Crouzon-Syndrom und bezeichnet sich selbst als *disfigured*. Wenn sie sich nicht gerade zurück nach Florida zu ihrer Freundin und ihren guten Freund*innen sehnt, schreibt (und hört) Mikaela Musik, spielt Videogames, hängt sich abwechselnd voll in den Aktivismus oder muss sich davon erholen und schwärmt von den Muppets.

INHALTSVERZEICHNIS

TEIL 3: DIE EIGENE COMMUNITY FINDEN

EINLEITUNG

Hallo und herzlich willkommen! Dieses Handbuch soll queere Mädchen beim Erwachsenwerden begleiten. Es steckt voller Infos zu unseren Lebensweisen, unseren Beziehungen und unserer Geschichte.

Ich bin Rowan, und ich bin eine queere Content-Creatorin. Ich produziere Videos zu LGBTQ+-Geschichte und -Popkultur, und wie ihr seht, schreibe ich gerade auch ein Buch darüber! Dieses Buch beantwortet Fragen wie „Wo finde ich queere Freund*innen?", „Was zählt als Sex mit einem Mädchen?" und „Wie feiere ich den CSD[1], wenn es in meiner Nähe keine Parade gibt?". Queer zu sein hat mein Leben sehr bereichert – mir Kraft gegeben, mir Glück und Freund*innenschaften beschert – und ich kann es kaum erwarten, das alles mit euch zu teilen!

Wir schauen uns die wundervollen Seiten an, die es mit sich bringt, ein queeres Mädchen zu sein, aber auch die Schwierigkeiten, auf die ihr stoßen könntet. Ich will die schlechten Erfahrungen, die ihr vielleicht schon machen musstet, wie etwa Queerfeindlichkeit oder Sexismus, nicht schönreden. Aber genauso wenig möchte ich ein zu düsteres Bild malen. Das passiert nämlich leider häufig. Dabei besteht unsere kollektive Geschichte nicht nur aus Kummer und Schmerz.

Jede*r von uns ist auf ganz eigene, einzigartige Weise queer. Mir ist klar, dass sich die Erfahrungen anderer queerer Menschen zum Teil stark von meinen eigenen unterscheiden. Also habe ich mir fünf Expert*innen zur Unterstützung geholt, die zufällig auch queere Aktivist*innen sind – und noch dazu Künstler*innen, Performer*innen und vieles mehr –, und sie gebeten, uns von ihren Erfahrungen zu erzählen. Ich hoffe, dass ihr als Leser*innen dieses Buches entweder von ihnen lernen oder euch selbst in ihren Geschichten wiedererkennen könnt. Ihr findet sie überall im Buch verteilt.

Es ist mir wichtig, zu betonen, dass dieses Buch trans*-inklusiv gedacht ist. Trans* Frauen sind Frauen und trans* Mädchen Mädchen – natürlich ist dieses Buch auch für euch!

Zum Beispiel werden im Kapitel über Sex keine Annahmen über eure Körper oder die eurer Partner*innen getroffen. Außerdem werden wir ein bisschen über Transmisogynie sprechen.

Mir ist auch bewusst, dass ihr zwar gerade zu diesem Buch gegriffen habt, später aber möglicherweise herausfindet, dass ihr – ganz im Gegensatz dazu, was alle um euch herum immer automatisch vorausgesetzt haben –, gar kein Mädchen seid. Vielleicht fühlt ihr euch mit der Bezeichnung queeres „Mädchen" auch einfach nicht mehr wohl. Hoffentlich bietet euch dieses Buch trotzdem einiges an spannenden Informationen zu LGBTQ+-Geschichte und -Lebensweisen. Falls nicht, könnt ihr es ja immer noch im Geiste queerer Solidarität an ein queeres Mädchen in eurem Umfeld weitergeben.

Ich habe dieses Buch geschrieben, weil es mir damals als queerer Teenie gefehlt hat. Dabei hätte ich es so dringend gebraucht. Ich hoffe, es wurde euch in eurem Lieblingsbuchladen von einer Buchhändlerin mit einem Regenbogen-Anstecker in die Hand gedrückt, nachdem ihr euch endlich getraut habt, nach einer Empfehlung zu fragen. Oder ein Elternteil, Geschwisterkind oder ein*e Freund*in hat es euch nach eurem Coming-out als Zeichen der Unterstützung und Liebe geschenkt. Ich hoffe, ihr fangt den Blick eines süßen Mädchens in der Bahn auf, das euch schüchtern zulächelt, sobald es das Cover sieht. Und mehr als alles andere hoffe ich, dass dieses Buch euch das Gefühl gibt, ihr werdet *gesehen*. Denn ich sehe euch. Ich sehe dich. Du verdienst es, gesehen zu werden.

ROWAN ELLIS

1 Am Christopher Street Day (CSD) wird in vielen Ländern für die Rechte queerer Menschen demonstriert. Die Bezeichnung geht auf Proteste in der New Yorker Christopher Street zurück. Sie wird überwiegend im deutschsprachigen Raum benutzt, international spricht man meist von *Pride*. Mehr dazu kannst du ab Seite 140 nachlesen.

KAPITEL EINS

WOHER WEISS ICH, OB ICH LESBISCH (ODER BI ODER PAN ...) BIN?

Okay, du hast dir also dieses Buch geschnappt, das erste Kapitel aufgeschlagen und bist bereit, die ultimative Abkürzung zu nehmen, um deine sexuelle Identität eindeutig festzulegen. Ich wünschte, es wäre so einfach. Wie ein schnelles Online-Quiz („Wähle dein liebstes Fast Food, und wir sagen dir, welche sexuelle Orientierung du hast."). Aber für viele von uns IST ES LEIDER VIEL KOMPLIZIERTER!

Du allein kannst wissen, ob du lesbisch, bi, pan oder asexuell bist, oder ob irgendeine andere Identität aus dem wundervollen LGBTQ+-Spektrum zu dir passt. Das zu lesen wird dich vielleicht erleichtern. Es kann sehr ermutigend sein zu hören, dass andere Leute nicht festlegen können, wer du bist. Ich bin mir aber auch ziemlich sicher, dass ein paar von euch jetzt denken werden: *Rowan, das ist keine richtige Antwort. Ich will wirklich herausfinden, ob ich lesbisch bin. Kannst du es mir nicht einfach sagen?*

Die Wahrheit ist: Niemand kann das für dich bestimmen.

Aber das heißt nicht, dass du diesen Weg allein gehen musst. Es hilft sehr, mit Menschen zu sprechen, von denen du weißt, dass sie hinter dir stehen – ein*e Freund*in, ein Geschwister oder ein*e Vertrauenslehrer*in zum Beispiel. Und falls du Sorge haben solltest, dass du dich, sobald du das erste Mal mit jemandem darüber redest, direkt outen musst: Das musst du überhaupt nicht!

Meine ersten vorsichtigen Gesprächsversuche über Sexualität habe ich online in einem Forum für LGBTQ+-Jugendliche gestartet. Und bevor ich überhaupt irgendwas von mir preisgegeben habe, habe ich superlange einfach nur rumgestöbert und mir Posts von anderen durchgelesen. Irgendwann fing ich an, Fragen zu stellen und über meine Gefühle zu schreiben. Und das alles, ohne mich vor meinen neuen Freund*innen zu labeln. Ich bin sogar zu ein paar Live-Treffen gegangen, da habe ich mich noch als hetero Ally gesehen. Ich erinnere mich, wie ich in der Sonne saß, umgeben von neuen Bekannten, von denen einige Regenbogen-Buttons und bunte Latzhosen trugen, andere abgeranzte Jeans zu langen Zottelhaaren. Von außen haben wir wahrscheinlich ausgesehen wie eine gemischte Tüte aus sämtlichen Highschool-Cliquen, sehr *Breakfast-Club*-mäßig. Zum allerersten Mal überhaupt wurde ich gebeten, mich mit Namen und Pronomen vorzustellen. Und ich hatte ein bisschen Schiss. War das hier nur ein Ort für Leute, die schon alles für sich klar hatten? Aber die Person, die das Treffen organisiert hatte, fügte direkt hinzu: „Nur, damit wir wissen, welche Präferenz ihr gerade habt. Wenn ihr euch nicht sicher seid, könnt ihr euch beim nächsten Mal einfach mit anderen Pronomen vorstellen." Ich weiß noch, dass ich mich auf der sommerlich-trockenen Wiese zurückgelehnt habe und vom Gelächter und Stimmen-gewirr meiner neuen Freund*innen eingehüllt wurde wie von einer Decke. Diese Runde war ein absoluter Safe Space. Ein Raum, in dem es vollkommen okay war, unsicher zu sein.

Ein Jahr später lief ich mit genau dieser Gruppe bei der Pride-Parade mit. Aber wie bin ich von meinen schüchternen Chat-Versuchen zu einer öffentlichen Demo gekommen, bei der ich aus vollem Hals mitgesungen und getanzt habe?

Drei Dinge sind beim Ergründen deiner eigenen Sexualität von Bedeutung.

1. WAS DU DENKST UND FÜHLST

Fangen wir mit dem ersten Aspekt dieses chaotischen Sexualitätsdreiecks an: deinen Gedanken und Gefühlen. Sie können manchmal durch Leute in deinem Umfeld beeinflusst werden. Vielleicht denkst du beim Anblick von Menschen, die offen queer sind: **Wenn ich mir nicht so sicher bin wie diese Person, bin ich dann überhaupt queer? Bei so was muss man doch sicher sein, oder?** In Wirklichkeit ging es den meisten Leuten, die heute selbstbewusst und stolz auf ihre queere Identität sind, früher genau wie dir: Sie mussten erst mal aus sich selbst schlau werden.

Selbst wenn deine Freund*innen, deine Familie und deine Mitschüler*innen sehr aufgeschlossen sind, kann es schwer sein und Mut erfordern, deine eigene Sexualität und Identität auszuloten. Ein Grund dafür ist die weitverbreitete Annahme, alle seien hetero, bis das Gegenteil bewiesen ist. In den meisten Medien, in Büchern, Filmen, Werbung, Songs im Radio ... geht es vor allem um cis hetero Menschen. Das nennt sich **Heteronormativität** – die Vorstellung, dass Heterosexualität in unserer Gesellschaft der Standard ist. Das kann unter Umständen zu einer Art Zwangsheterosexualität führen, weil dir die Gesellschaft signalisiert: Als Mädchen solltest du automatisch Jungs mögen. Für manche kann es deswegen schwierig sein, auseinanderzuhalten, ob sie wirklich auf Jungs stehen oder es nur vermeintlich tun, weil es von ihnen erwartet wird. Egal, was die Heteronormativität dir weismachen will: Es ist völlig normal, wenn du Mädchen magst. Ein wichtiger erster Schritt ist also der Versuch, dich davon frei zu machen, was *andere* Menschen fühlen, und in dich selbst hineinzuhorchen. Was fühlst du?

Du kannst Menschen auf verschiedene Weise anziehend finden, zum Beispiel auf körperliche, sexuelle, emotionale oder romantische Weise. Vielleicht trifft nur eins davon zu, vielleicht mehr oder alles auf einmal, und das bei Menschen unterschiedlicher Gender[2]. Vielleicht hast du schon mal über eine Freundin gedacht: „Sie ist echt süß." Oder du hattest Bauchkribbeln wegen einer berühmten Musikerin. Womöglich fragst du dich, wie es wäre, mit einem Mädchen Händchen zu halten oder es zu küssen. Vielleicht machen dich auch Frauen aus Büchern, Serien und Fanfictions an – oder einfach Szenen in deiner Fantasie.

All das können Hinweise darauf sein, dass du dich zu Mädchen hingezogen fühlst, und sie allein können schon ausreichen, um zu erkennen, dass du nicht hetero bist. Es braucht nicht unbedingt körperliche oder romantische Begegnungen mit einem anderen Mädchen, damit du weißt, wer du bist – wir erwarten ja auch nicht von jedem hetero Mädchen, dass es seine Heterosexualität unter Beweis stellt! Es kann auch sein, dass du dich von niemandem sexuell oder romantisch angezogen fühlst. All das festzustellen hilft dir dabei, dir über deine Gefühle klar zu werden. Und das bringt uns zur zweiten Seite dieses Dreiecks ...

---

[2] Da wir im Deutschen keine unterschiedlichen Begriffe für das soziale und das biologische Geschlecht haben, nutzen wir das englische Wort *Gender*, um das soziale Geschlecht zu beschreiben. Eine genauere Definition findest du im Glossar auf Seite 152.

Ein wichtiger erster Schritt ist also der Versuch, dich davon frei zu machen, was andere Menschen fühlen, und in dich selbst hineinzuhorchen.

WAS FÜHLST DU?

2. WAS DU TUST

Spring zu Kapitel 10, Seite 84, um über Konsens und Kommunikation zu lesen.

Vielleicht hast du schon mit dem Gedanken gespielt, ein Mädchen zu küssen oder mit ihm Händchen zu halten. Womöglich warst du auch schon mal in ein Mädchen verliebt oder hattest Sex mit einem. Das macht dich nicht automatisch queer. Genauso wenig, wie du automatisch hetero bist, nur weil du mal was mit einem Jungen hattest. Was zählt, ist, was du dabei fühlst. Ich weiß, ich weiß, jetzt sind wir wieder bei den Gefühlen. Aber nur mit ihrer Hilfe kriegst du Klarheit.

Und sobald du dir über deine Gefühle im Klaren bist, ist es auch schon Zeit für die letzte Seite des Dreiecks ...

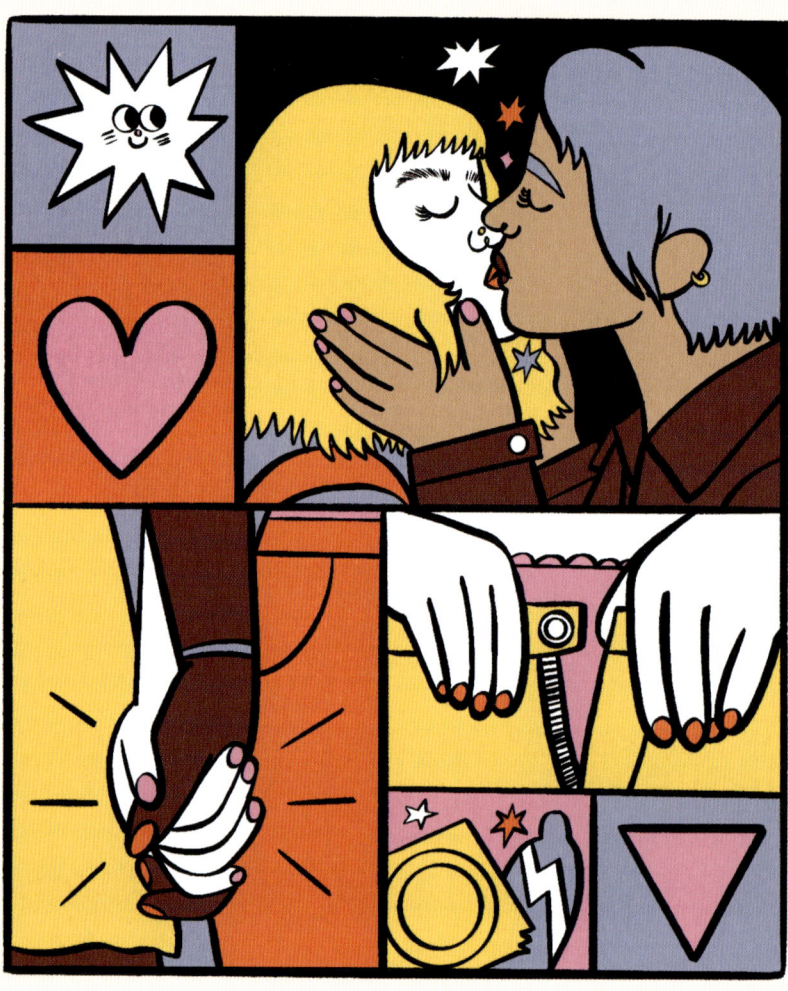

3. WIE DU DICH IDENTIFIZIERST

Queerness wird manchmal als Spektrum beschrieben, aber ich stelle mir das Ganze eher wie eine große Landkarte vor. Deine ganz persönlichen Koordinaten auf dieser Karte können überall liegen, nicht nur an einem einzigen Punkt auf der Linie zwischen homo- und heterosexuell. Sieh dir die Definitionen verschiedener sexueller Orientierungen an und finde heraus, welche am besten zu deinen Gefühlen passen (keine Sorge, zu den Begriffen kommen wir im nächsten Kapitel).

Auch Videos, Bücher oder Podcasts von Menschen mit den unterschiedlichsten queeren Identitäten können dir helfen, das Wort zu finden, mit dem du dich am wohlsten fühlst. Denn Erfahrungen anderer Menschen decken sich manchmal mit unseren eigenen. Wenn wir das merken, stehen die Chancen nicht schlecht, dass wir dabei auf die für uns passende Bezeichnung stoßen.

Zwei Mädchen, die sich beide zu allen Gendern hingezogen fühlen, können unterschiedliche Begriffe wählen, um sich selbst zu beschreiben: Die eine entscheidet sich möglicherweise für „pansexuell", die andere findet „queer" stimmiger. Und ein drittes Mädchen, dem es ähnlich geht, beschließt vielleicht, gar kein Label für die eigene Sexualität zu verwenden, und auch das ist völlig okay.

Außerdem solltest du wissen: Wenn du deine Koordinaten auf der LGBTQ+-Karte entdeckt und dich hinbewegt hast, bedeutet das nicht, dass du für immer dortbleiben musst. Manche Menschen finden ihren Platz auf der Karte und richten sich häuslich ein. Aber genauso legitim ist es, herumzureisen. Es ist okay, wenn du Zeit brauchst, um dich besser kennenzulernen. Es ist okay, deine Identität zu verändern oder Gefühle für Gender zu entwickeln, zu denen du dich nie zuvor hingezogen gefühlt hast.

Vielleicht machst du dir gerade nicht nur Gedanken über deine sexuelle Orientierung, sondern auch über deine Geschlechtsidentität. Womöglich weißt du längst, dass du auf Mädchen stehst, stellst aber fest, dass du selbst gar keins bist. In diesem Fall bleiben wahrscheinlich deine Gefühle und Gedanken gegenüber Mädchen dieselben, aber die Worte, um deine eigene Identität zu beschreiben, verändern sich – zum Beispiel von *lesbisches Mädchen* zu *hetero Junge*.

Du musst dich nicht beeilen. Lass dir Zeit. Hab Vertrauen in dich selbst, such dir Unterstützung auf deinem Weg und denk daran:

DEINE IDENTITÄT IST ALLEIN DEINE SACHE.

KAPITEL ZWEI
LGBTQ+-IDENTITÄTEN & -BEGRIFFE

Okay, welche Worte kannst du jetzt also nutzen, um dich selbst zu beschreiben? Bevor wir uns die verschiedenen Identitäten der LGBTQ+-Community anschauen, sollten wir uns bewusst machen, dass einige der Begriffe für verschiedene Menschen auch verschiedene Bedeutungen haben. Während ich das Buch hier geschrieben habe, habe ich Freund*innen gebeten, mir ihre eigenen Definitionen zu ihren Geschlechtsidentitäten und ihren sexuellen Orientierungen zu schicken – und selbst Menschen, die dasselbe Wort nutzen, um sich zu beschreiben, definieren es unterschiedlich. Und das ist auch total okay so! Es gibt ja kein offizielles globales Queer-Komitee, das festlegt, welche Begriffe wir nutzen müssen und was sie für alle zu bedeuten haben.

Stattdessen haben im Lauf der Geschichte verschiedene Communitys Wörter ge- oder erfunden, die sie mochten, und angefangen, sie zu verwenden. Diese Begriffe wurden mündlich oder schriftlich weiterverbreitet oder durch Reisende oder (in jüngerer Zeit) übers Internet. Labels können Identitäten grob beschreiben, müssen sie aber nicht starr definieren. Auch heute noch werden neue Begriffe kreiert, um die Lücken in unserer Sprache zu füllen. Zum Beispiel, wenn ein Mensch nicht-binär ist und sich nur zu anderen nicht-binären Menschen hingezogen fühlt – wie nennt er sich dann?

Im folgenden **GLOSSAR** habe ich eine Definition pro Begriff aufgenommen. Wenn ein Begriff dich anspricht, die Definition aber nicht so ganz mit dem übereinstimmt, was du fühlst, wäre mein Rat, nachzuschauen, ob es noch andere Definitionen dieses Begriffs gibt, die für dich persönlich vielleicht besser passen. Es ist wichtig zu wissen, dass das hier keine allumfassende Liste sämtlicher sexuellen Orientierungen und Geschlechtsidentitäten ist. Es kann gut sein, dass es da draußen irgendwo ein Wort (oder mehrere) gibt, das hier nicht aufgelistet ist, aber für dich am besten funktioniert.

AGENDER
Wenn du keine (oder nur eine sehr geringe) Bindung zu irgendeinem Gender verspürst und dich als genderlos oder genderneutral bezeichnest

AROMANTISCH / ARO
Wenn du dich kaum oder gar nicht romantisch zu anderen hingezogen fühlst

ASEXUELL / ACE
Wenn du dich kaum oder gar nicht sexuell zu anderen hingezogen fühlst

BINÄRE GESCHLECHTERORDNUNG
Die Vorstellung, dass Menschen nur in eine von zwei gegensätzlichen Gruppen eingeteilt werden können: männlich oder weiblich. Die binäre Geschlechterordnung geht häufig mit dem Weltbild einher, Menschen würden gesellschaftlich konstruierten Ideen von Männlichkeit (wenn sie männlich gelesen werden) oder Weiblichkeit (wenn sie weiblich gelesen werden) entsprechen. Sie lässt kaum Raum für verschiedene Vorstellungen von Gender oder davon, wie wir unser Geschlecht ausdrücken.

BISEXUELL / BI
Wenn du dich potenziell romantisch und/oder sexuell zu mehr als einem Gender hingezogen fühlst. Diese Anziehung muss nicht gleich verteilt sein, sich weder auf die gleiche Weise äußern noch sich zur selben Zeit zeigen.

CISGENDER / CIS

Wenn du dich mit dem Gender identifizierst, das dir bei der Geburt zugewiesen wurde

CISNORMATIVITÄT

Die weit verbreitete Annahme, alle Menschen wären cisgender, und es gäbe nur zwei Geschlechter, die überhaupt infrage kommen, um das eigene Gender auszudrücken

DEADNAME

Der Name, der einer trans* Person bei der Geburt gegeben wird. Häufig wird dieser Name an irgendeinem Punkt während der Transition gegen einen neuen getauscht und ab da nicht länger genutzt.

FLINTA*

Die Abkürzung FLINTA* steht für **F**rauen, **L**esben, **I**nter Menschen, **N**icht-binäre Menschen, **T**rans Menschen und **A**gender Menschen. Das Sternchen gilt als Symbol für alle weiteren Identitäten, die in der patriarchalen Mehrheitsgesellschaft besonders diskriminiert werden.

GAY

Inzwischen auch im deutschen Sprachraum angekommen. Bezieht sich auf eine Person, die sich romantisch und/oder sexuell von Personen des gleichen Genders angezogen fühlt. Früher hat man den Begriff meist nur für Männer verwendet, synonym zu schwul, heute umfasst er aber immer häufiger auch andere Gender.

GENDER

Meint die Geschlechtsidentität des Menschen als soziale Kategorie, die nicht mit dem Geschlecht, das einem bei der Geburt zugewiesen wurde, übereinstimmen muss

GENDERFLUID

Eine Person, die sich mit keinem bestimmten Gender identifiziert oder deren Geschlechtsidentität wechselt

GENDERQUEER

Eine Person, deren Geschlechtsidentität sich außerhalb der geschlechterbinären Norm und fester Kategorien befindet

GESCHLECHTSAUSDRUCK

Die Art, wie wir uns nach außen präsentieren (unter anderem durch Klamotten, Frisuren und Verhalten), die eng mit den gesellschaftlichen Vorstellungen von Gender verknüpft sein kann. Deine Geschlechtsidentität muss nicht zwangsläufig dazu „passen", wie du dein Geschlecht zum Ausdruck bringst – du kannst dich zum Beispiel als Mädchen identifizieren und trotzdem Spaß daran haben, dich auf eine Weise auszudrücken, die in der Gesellschaft als „maskulin" gilt.

GESCHLECHTSIDENTITÄT

Drückt aus, mit welchem Gender wir uns identifizieren, wie wir selbst es verstehen und wie wir persönlich es erleben

HETERONORMATIVITÄT

Die Tatsache, dass in unserer Gesellschaft meist automatisch davon ausgegangen wird, alle wären cis und heterosexuell, und die Wahrnehmung von Heterosexualität als einzig „korrekter" Sexualität

HETEROSEXUELL / STRAIGHT

Bezieht sich auf Personen, die sich romantisch und/oder sexuell ausschließlich zu Menschen des in der binären Geschlechterordnung (männlich/weiblich) entgegengesetzten Geschlechts hingezogen fühlen

INTERGESCHLECHTLICH / INTER*

(früher meist: INTERSEXUELL)
Ein Überbegriff für Menschen, die mit Variationen der körperlichen Geschlechtsmerkmale geboren werden (in Bezug auf Chromosomen, Hormone oder Fortpflanzungsorgane), die nicht den typischen binären Vorstellungen entsprechen

LGBTQ+

Ein Überbegriff für unsere Community. Die Buchstaben stehen für **L**esbian (lesbisch), **G**ay (schwul), **B**isexual (bisexuell), **T**ransgender und **Q**ueer/ **Q**uestioning. Das Pluszeichen repräsentiert andere sexuelle Orientierungen und Geschlechtsidentitäten, die nicht von diesen Buchstaben abgedeckt werden.

LESBISCH

Beschreibt Mädchen, die sich romantisch und/oder sexuell zu anderen Mädchen hingezogen fühlen. Einige nicht-binäre Menschen nutzen diese Bezeichnung auch für sich

NICHT-BINÄR

Ein Überbegriff für alle mit einer Geschlechtsidentität, die nicht nur männlich oder nur weiblich ist. Er schließt auch diejenigen ein, die sich mit keinem wie auch immer gearteten Gender identifizieren, mit mehreren gleichzeitig oder einem völlig neuen. Bei einigen nicht-binären Menschen ist die Geschlechtsidentität fließend (fluide, s. genderfluid), das heißt, sie kann sich entweder in verschiedenen Lebensphasen oder von einem Tag auf den anderen ändern.

PANSEXUELL / PAN

Eine Person, die sich potenziell zu allen Geschlechtsidentitäten oder -ausdrücken hingezogen fühlen kann

PRONOMEN

Wörter, mit denen du dich auf Personen beziehst, über die du redest, zum Beispiel sie/ihr, er/ihm, dey/demm. Diese Wörter passen oft zur eigenen Geschlechtsidentität, aber nicht immer. Es gibt noch viele weitere nicht ganz so bekannte Pronomen, wie hen/hem oder xier/xiem. Sie werden auch „Neopronomen" genannt.

QUEER

Dieses Wort wurde früher als Beleidigung genutzt, ist inzwischen aber von der Community zurückerobert worden und wird als Überbegriff für uns alle verwendet. Menschen nutzen das Label aus ganz unterschiedlichen Gründen, zum Beispiel wenn sie mehrere queere Identitäten in sich vereinen (bspw. gay/lesbisch und asexuell) oder das Gefühl haben, dass keiner der enger definierten Begriffe so richtig zu ihnen passt.

QUESTIONING

So bezeichnen sich einige Menschen, die sich in Bezug auf ihre sexuelle Orientierung und/oder Geschlechtsidentität nicht sicher oder gerade noch auf Entdeckungsreise sind.

SAPPHISCH / SAPPHIC

Ein Überbegriff für alle Frauen und nicht-binären Personen, die irgendeine Art von Anziehung zu anderen Frauen oder nicht-binären Personen verspüren (unter anderem wenn du lesbisch, bi-, pansexuell oder queer bist). Er geht auf die antike Dichterin Sappho zurück, die in ihren Versen die Schönheit von Frauen besang und auf der griechischen Insel Lesbos (s. lesbisch) lebte.

TRANSGENDER / TRANS*

Der Begriff wird manchmal spezifisch für Personen benutzt, die zwischen den beiden binären Geschlechtern männlich und weiblich transitionieren. Er kann aber auch als Überbegriff für all diejenigen verwendet werden, deren Geschlechtsidentität nicht zu dem Geschlecht passt, das ihnen bei der Geburt zugewiesen wurde.

Was an der Sprache über Identitäten so spannend ist: Sie wandelt sich mit der Zeit. Nehmen wir zum Beispiel LGBTQ+. Im Laufe der Jahre gab es immer wieder neue Namen, um die gleiche Gruppe von Menschen zu beschreiben (gay community, LGBT, LGBTQIAA, LesBiSchwul, queere Community etc.). Aber in dieser Gruppe befinden sich so viele unterschiedliche Leute und Identitäten, dass es deutlich schwieriger ist, als es aussieht, einen einzigen Begriff zu finden, der wirklich alle einschließt. Und dann gibt es auch noch die Begriffe wie queer und Dyke, die früher beleidigend waren, später aber von der Community zurückerobert wurden – und in verschiedenen Personenkreisen und Slangs wird es auch immer wieder neue umgangssprachliche Begriffe geben.

Gut möglich, dass dich das erst mal überfordert. Aber du kannst jederzeit nach der Bedeutung eines dir unbekannten Ausdrucks fragen oder ihn online recherchieren, um mehr zu erfahren. Und wer weiß, vielleicht stößt du dabei auf einen ganz neuen Begriff für einen Teil von dir, den du bisher nur schwer in Worte fassen konntest!

KAPITEL DREI
DAS COMING-OUT

Okay, du hast also alles gründlich durchdacht und herausgefunden, wie du dich selbst bezeichnen möchtest. Was kommt als Nächstes? Tja, für viele von uns folgt jetzt der Teil, in dem wir anderen Menschen von unserer Identität erzählen – der queere Initiationsritus namens „Coming-out". Eine Frage, die junge queere Menschen häufig stellen, ist: „Woher weiß ich, dass ich bereit für mein Coming-out bin?" Leider sind wir keine Kuchen – wir können keinen Timer stellen und dann perfekt gebacken aus dem (metaphorischen) Ofen der sexuellen Orientierung kommen. Manche von uns sind sofort bereit, andere brauchen mehr Zeit. Ich weiß, das klingt jetzt wieder, als wollte ich mich um eine Antwort herumdrücken, aber es ist wirklich immer anders, weil ja auch die Lebenssituationen aller Menschen so verschieden sind. Statt dir also zu sagen – ja, dir, der Person, die das hier gerade liest –, ob du bereit für dein Coming-out bist, werde ich dir in diesem Kapitel ein paar Dinge auflisten, die dir hoffentlich bei deiner Entscheidung helfen können.

DAS TOLLE AM COMING-OUT

Zuerst möchte ich ein paar Gründe für ein Coming-out aufzahlen. Superoft geht es in Gesprächen über Coming-outs nämlich um Warnungen und Ängste – aber es kann eben auch ein Moment zum Feiern sein.

Ich persönlich habe mich durch mein Coming-out freier und authentischer gefühlt, endlich in der Lage, ganz ich selbst zu sein. Andere berichten, dass es sie ihren Freund*innen und Verwandten nähergebracht hat. Natürlich (und für manche ist das mit das Wichtigste) macht ein Coming-out es auch leichter, romantische oder sexuelle Beziehungen zu anderen Mädchen einzugehen! Geoutet zu sein, gibt dir außerdem die Chance, ein Vorbild für jüngere queere Menschen in deinem Umfeld zu werden oder ihnen einfach zu zeigen, dass sie nicht allein sind. Es kann helfen, sich von Scham-gefühlen rund um die eigene Identität zu befreien, und erspart einem den Stress, die Wahrheit verbergen oder ganz direkt lügen zu müssen.

WARUM OUTEN SICH ALSO NICHT ALLE?

Wenn es so toll ist, warum macht es dann nicht jeder queere Mensch?

Tja, auch hierfür gibt es mehrere mögliche Gründe. Je nachdem, wie deine Familienverhältnisse sind, was du für ein Umfeld hast oder welche Gesetze an deinem Wohnort gelten, könnte es körperlich oder seelisch für dich sicherer sein, wenn du dich nicht outest. Vielleicht machst du dir auch Sorgen, wie Menschen reagieren werden, oder du möchtest einfach noch eine Weile in Ruhe darüber nachdenken, was das alles für dich bedeuten könnte. Manche Leute outen sich nie, weil sie finden, dass ihre sexuelle Orientierung und ihre Geschlechtsidentität niemanden etwas angehen.

Es ist völlig okay, noch nicht bereit zu sein – aus welchem Grund auch immer. Selbst wenn du dir sicher bist, dass alle um dich herum dich akzeptieren und unterstützen würden, kann es trotzdem beängstigend sein, einen so großen Schritt zu gehen und Leuten einen Teil deiner selbst anzuvertrauen.

Auf der anderen Seite solltest du auch wissen, dass es sich nicht so endgültig anfühlen muss, wie die Antwort auf die finale Frage in einer Quizshow einzuloggen. Zu jeder Zeit in deinem Leben darfst du deine Meinung ändern und damit die Begriffe, mit denen du dich selbst beschreibst. Du musst dir deiner Identität auch nicht hundertprozentig sicher sein, um ein Coming-out zu haben. Als ich zum ersten Mal jemandem erzählt habe, dass ich vielleicht lesbisch bin, war ich selbst nicht sicher. Aber allein schon, es vor einem*einer Freund*in auszusprechen, hat mir das Gefühl gegeben, dass ich beim Erforschen meiner Identität Rückendeckung habe.

WIE SOLLTE DEIN COMING-OUT ABLAUFEN?

Okay, du hast also entschieden, dass du dich outen möchtest ...
Aber wie genau stellst du das am besten an?

Du kannst dein Coming-out zu jeder beliebigen Zeit haben, an jedem Ort, an dem du dich wohlfühlst, und es ist total egal, ob du dabei sechzehn oder sechzig bist. Es gibt keine Altersobergrenze dafür oder irgendwelche anderen Regeln. Du kannst dein Coming-out genau so gestalten, wie du es möchtest. Es kann ein persönliches Gespräch unter vier Augen sein, aber wenn das in deinem Fall nicht geht (oder du es einfach lieber anders hättest), kannst du auch einen Brief schreiben, eine Nachricht verschicken, eine Brieftaube nutzen, es auf einen Kuchen malen – alles ist erlaubt! Und es ist völlig okay, nicht sofort alle einzuweihen. Du kannst es auch nur einer einzigen Person erzählen oder einer kleinen Gruppe. Ein Coming-out muss nicht heißen, dass du plötzlich vor der gesamten Welt geoutet bist (wobei die Idee, eine riesige Coming-out-Party für absolut alle zu schmeißen, die man kennt, auch ziemlich episch klingt.)

WIE DU DICH VORBEREITEN KANNST

Es ist völlig legitim, auf einer riesigen Hausparty ungeplant damit herauszuplatzen, dass du vielleicht lesbisch bist. So habe ich's zumindest gemacht. Aber manche Leute sind wahrscheinlich ein bisschen weniger chaotisch als mein 15-jähriges Ich. Hier folgen einige Möglichkeiten, wie du dich auf dein Coming-out vorbereiten kannst, vor allem, wenn du dir Sorgen über die Reaktionen von anderen machst:

DU KÖNNTEST SCHON MAL VORSICHTIG VORFÜHLEN. LENK VIELLEICHT DAS THEMA AUF EINE BERÜHMTE QUEERE PERSON UND SCHAU, WAS DEIN GEGENÜBER SAGT.

SUCH DIR EINEN ORT UND EINE ZEIT AUS, MIT DENEN DU DICH AM WOHLSTEN FÜHLST, ZUM BEISPIEL LIEBER PRIVAT ODER IN DER ÖFFENTLICHKEIT, WÄHREND DER SCHULE ODER DANACH USW.

BAU DIR EIN NETZWERK VON UNTERSTÜTZER*INNEN AUF, VIELLEICHT ÜBER ONLINE-LGBTQ+-FOREN ODER REGIONALE LGBTQ+-GRUPPEN. DIE MENSCHEN DORT SIND OFT EINE RIESENHILFE, DENN SIE WISSEN, WAS DU DURCHMACHST, UND KÖNNEN DIR MIT RAT UND TAT ZUR SEITE STEHEN.

WENN DU BEFÜRCHTEST, DASS DICH ZWEIFEL PACKEN KÖNNTEN ODER DU IN SCHOCKSTARRE VERFÄLLST, LEG DIR VORHER ZURECHT (ODER ÜB SOGAR), WAS DU SAGEN MÖCHTEST. ABER SELBST WENN ES AM ENDE SO WAS WIRD WIE „ÄH, ALSO, ICH GLAUBE, ICH KÖNNTE MÖGLICHERWEISE … NEIN, ICH MEINE, ICH BIN DEFINITIV … ÄH, LESBISCH, SCHÄTZE ICH? VIELLEICHT?" – DANN IST DAS TROTZDEM TOLL. EIN COMING-OUT MUSS NICHT ABLAUFEN WIE IN EINEM OSCAR-VERDÄCHTIGEN FILM.

WENN DU PLANST, ES DEINEN ELTERN ODER VORMUNDEN ZU ERZÄHLEN, UND ANGST HAST, IHRE REAKTIONEN KÖNNTEN NEGATIV AUSFALLEN, SORG DAFÜR, DASS DU DANACH IRGENDWO HINKANNST, WO DU SICHER BIST. ZUM BEISPIEL ZU EINEM*EINER FREUND*IN.

ÜBERLEG DIR SCHON MAL EIN PAAR ANTWORTEN AUF FRAGEN, DIE ANDERE VIELLEICHT ZU DIR UND DEINER IDENTITÄT STELLEN WERDEN.

COMING-OUT ... SCHON WIEDER?

Beim Coming-out geht es darum, sich mit den Gefühlen über die eigene Identität auseinanderzusetzen und sie anzunehmen, und darum, wie andere Menschen diese Identität sehen sollen.

Deshalb musst du dich – sogar vor dir selbst – vielleicht mehr als einmal outen. Es ist völlig okay, ein Coming-out zu haben und später festzustellen, dass sich etwas verändert hat und du deine Sexualität oder dein Gender anders wahrnimmst.

Es gibt keine Obergrenze für Coming-outs.

WAS, WENN JEMAND NICHT WIE ERHOFFT REAGIERT?

Leider kann es passieren, dass du dein Coming-out vor Leuten hast, die dich nicht unterstützen. Hier sind ein paar Vorschläge, was du unternehmen kannst, wenn du es mit einer wenig begeisterten Reaktion zu tun bekommst:

UMGIB DICH MIT MENSCHEN, DIE DIR HALT BIETEN

Bevor du dich vor jemandem outest, dessen Reaktion du nicht vorhersehen kannst, verabrede dich schon mal für direkt danach mit einer lieben Person, die für dich da ist. Sie kann dich daran erinnern, dass du geliebt und geschätzt wirst.

BEHALT IMMER IM KOPF: NICHTS IST FALSCH DARAN, WER DU BIST

Nicht deine Identität ist falsch, sondern Intoleranz, Borniertheit und Vorurteile. Wenn du im schlimmsten Fall den Kontakt zu einer Person abbrechen musst, gibt es da draußen unzählige Menschen, die dich unterstützen werden, und zwar genau so, wie du bist.

HILF IHNEN ZU VERSTEHEN

Es könnte sein, dass die Person, vor der du dein Coming-out hast, noch nichts über deine Identität weiß und einfach sehr verwirrt ist. Online gibt es superviele Videos und Artikel genau für diesen Fall. Du kannst sie der Person zeigen und ihr so helfen, dich zu verstehen.

WENN DU WILLST, GIB IHNEN ZEIT, UM IHRE REAKTION ZU ÜBERDENKEN

Manchmal kommt es vor, dass Menschen aus dem Moment heraus negativ reagieren, obwohl sie es gar nicht so meinen. Ihre Sorgen und Bedenken können rüberkommen wie mangelnde Unterstützung, oder ihre eigenen Vorurteile und Annahmen sprudeln heraus, bevor sie die Gelegenheit hatten, vernünftig darüber nachzudenken. Wenn du möchtest, kannst du dich noch einmal mit ihnen zusammensetzen, sobald sie ein bisschen Zeit hatten, zu verarbeiten, was du ihnen erzählt hast.

„OUTING"

Manchmal wird es uns leider schwer gemacht, unser Coming-out in Ruhe und zu unseren eigenen Bedingungen zu planen.

Wenn andere Leute erfahren, dass du queer bist, bevor du selbst bereit bist, es ihnen zu sagen – entweder, weil es ihnen jemand erzählt hat, dem du es vorher unter vier Augen anvertraut hast, oder weil sie irgendwas in einem Tagebuch oder einer DM gesehen haben –, nennt man das „Outing". Geoutet zu werden und keine Kontrolle über etwas so Persönliches zu haben, kann eine richtig schlimme Erfahrung sein. Wenn dir das passiert, ist es umso wichtiger, dass du dir Freund*innen suchst, die dich unterstützen, und Wege, die dir helfen, damit umzugehen.

In diesem Kapitel ging es viel um dein erstes Coming-out vor einer anderen Person, aber das Ding ist: Du wirst nicht nur ein Coming-out haben. Selbst wenn du in deiner Wohngegend Poster von dir aufhängst, auf denen steht: *Hallo, Nachbarschaft, ich bin übrigens bisexuell!*, wirst du irgendwann neue Leute kennenlernen, in der Ausbildung, an der Uni, bei der Arbeit oder – keine Ahnung – im Häkelverein. Und vielleicht möchtest du dich auch vor diesen Menschen outen. Aber je öfter du es tust, desto weniger nervenaufreibend wird es. Bis es sich irgendwann so einfach anfühlt, wie anderen Leuten dein Sternzeichen oder dein Lieblingsessen zu nennen.

DIE EIGENE COMMUNITY FINDEN

Sichtbarkeit ist so wichtig für mich, weil ich als junge LGBTQ+-Muslimin keine Ahnung hatte, wie riesig unsere Community ist. Dir wird weisgemacht, du würdest nicht existieren, und am Ende glaubst du es selbst. Wenn ich mich in der Medienlandschaft so umschaue, entdecke ich manchmal LGBTQ+-Menschen of Colour, und vielleicht sogar mal eine LGBTQ+-Muslimin. Aber das geht immer in die Richtung: „Sie ist nicht mehr religiös, nur so kann sie wirklich frei sein – jetzt, da sie sich von ihrem Glauben gelöst hat, darf sie queer sein." Bisher werden kaum Menschen repräsentiert, die gläubig und queer zugleich sind, ohne dass das einen Konflikt darstellt. Dadurch denkst du schnell: *Okay, ich bin hier wohl der einzige Freak. Niemand außer mir ist so. Ich werd's einfach bis zu meinem Tod geheim halten und das Leben meiner Familie oder der Menschen um mich herum nicht ruinieren. Vielleicht wurde ich einfach falsch geboren.* Aber dann gehst du raus in die weite Welt, und dir wird klar: *So ist das gar nicht, wir sind viele.* Nur ist es für eine Menge von uns nicht gefahrlos möglich, sichtbar zu sein.

Social Media hat mir wirklich sehr geholfen, meine Community zu finden. Da draußen gibt es unheimlich viele queere Muslim*innen, und es gibt Organisationen wie *Imaan*, *Hidayah* und *London Queer Muslims*, die uns alle in der ganzen Welt verbinden. Sie schaffen virtuelle Räume, in denen wir miteinander sprechen können, und das ist unglaublich! Viele Muslim*innen wie ich möchten sich in vom Glauben geprägten Räumen bewegen, in denen wir über unsere Religion reden können, ohne befürchten zu müssen, dass jeden Moment jemand sagt: „Ach ja, und queere Menschen kommen übrigens in die Hölle."

Du schuldest niemandem deine Zeit. Du schuldest niemandem einen Platz in deinem Leben. Ich glaube, besonders wenn wir jung sind, möchten wir uns mit allen Leuten verstehen. Je älter du wirst, desto klarer wird dir allerdings, dass nicht alle Menschen gut für dich sind, nicht alle deine Energie verdienen. Und es ist völlig okay, diesen Leuten den Rücken zu kehren, wenn es für dich letzten Endes das Beste ist.

Ich habe Menschen in meinem Leben, die mich ganz genau so akzeptieren, wie ich bin, und meine Existenz nie infrage gestellt haben. Sie haben nie nach „Beweisen" für meine Queerness gefragt, wollten nie wissen: „Okay, mit wie vielen Leuten hast du geschlafen?" Oder: „Bist du wirklich emanzipiert?" Und sie haben mir nie gesagt, ich solle doch meinen Hijab ablegen, weil ich erst dann richtig frei wäre. Ich bin losgezogen und habe mir meine eigene Familie voller großartiger Queers aufgebaut, queerer gläubiger Menschen und queerer Menschen of Colour. Und in ihrer Gegenwart fühle ich mich immer willkommen.

GLAUBE & IDENTITÄT

Vor einiger Zeit sind meine Eltern gestorben, also gab es nur noch meinen Bruder, meine Schwester und mich. Der Glaube hat mir geholfen. Er hat mir Halt gegeben. Er war wie der Klebstoff, der mich zusammengehalten hat. Ohne ihn wäre ich zerbrochen. Ich

schätze, es stimmt: Wir alle brauchen etwas, an das wir glauben können. Ob das nun der Glaube ist oder die Community – für mich war es meine Religion. Sie hat meinem Leben einen höheren Sinn verliehen, so nach dem Motto: „Ich bin gerade völlig am Boden zerstört, aber ich glaube an Gott und daran, dass ich aus einem Grund hier bin."

Als LGBTQ+-Muslim*in kann es echt schwer sein, einen Platz in einer Gruppe zu finden, weil dir in den meisten religiösen Gemeinschaften gesagt wird, dass queer zu sein schlicht nicht erlaubt wäre. Mehr als das – dir wird deine Existenz abgesprochen. Immer und immer wieder höre ich: „Also, das ist einfach unmöglich." Als wäre ich eine unlösbare Gleichung oder irgendein seltsames Rätsel, das keinen Sinn ergibt.

Und wenn du dich dann in queeren Räumen bewegst, haben dort eine Menge Leute eine Menge negativer Erfahrungen mit Glauben und Religion gemacht. Ich habe vollstes Verständnis dafür, dass Menschen durch Religion verursachte Traumata haben, weil sie abgelehnt wurden und vielleicht sogar eine sogenannte Konversions-„Therapie" durchleiden mussten – was einfach pure Folter ist. Manchmal projizieren sie diese schlechten Erfahrungen aber auf andere Menschen. Und dann passiert es, dass ich nicht wie eine eigenständige Person behandelt werde, sondern als Stellvertreterin für meinen Glauben. Ich habe immer das Gefühl, dass ich meine Queerness in diesen Räumen extra betonen muss. Denn auf wirklich jedem LGBTQ+-Event, auf dem ich bisher war, wurde ich gefragt, ob ich hetero oder ein Ally wäre – bei der Pride in Birmingham, in London und bei der UK Black Pride.

SELBSTFÜRSORGE & AKTIVISMUS

Als ich gerade frischgebackene Aktivistin war, habe ich mal Ruth Hunt getroffen, die ehemalige Vorsitzende der LGBTQ+-Organisation *Stonewall* und sie gefragt, ob sie irgendeinen Rat für mich habe.

Sie hat geantwortet: „Ja. Nimm dir Auszeiten – wenn du immer nur arbeitest, arbeitest und arbeitest, brennst du irgendwann aus."

Wir brauchen Aktivist*innen, die dranbleiben, nicht Menschen, die ein wahnsinnig aktives Jahr haben und dann gar nichts mehr können, weil es einfach zu viel war.

Wir müssen mehr Menschen dabei unterstützen, aktiv zu werden. Viele junge Leute glauben, sie müssten einen riesigen Aufwand betreiben, bräuchten einen besonderen Abschluss, müssten sich furchtbar gewählt ausdrücken können und für alle komplizierten Feinheiten von Intersektionalität die perfekten Worte finden. Aber in Wirklichkeit musst du dich einfach nur hinstellen und sagen: „Leute, so sieht mein Leben aus. Ich möchte nicht, dass Menschen so mit mir umgehen. Lasst uns netter zueinander sein." Ich selbst spreche nicht deshalb so viel über mich, weil ich narzisstisch veranlagt wäre. Aber wenn man Leuten echte Beispiele zeigt, kann es sie zum Umdenken bewegen.

So, du hast es geschafft.

Du hast dein Coming-out hinter dir. Vielleicht erst einmal „nur" dir selbst gegenüber, vielleicht hast du sogar auch schon mit deiner Familie, deinen Freund*innen, deinen Lehrer*innen ... gesprochen. Und dann passiert es: Zweifel.

Sagen wir, du hast dich als lesbisch geoutet und plötzlich findest du eine Person des anderen Geschlechts ... attraktiv? Schon geht das Gedankenkarussell los: *Moment mal. Das passt doch nicht!* Oder sogar: *Bin ich wirklich queer?*

Am besten erst mal tief durchatmen!

Für diese Gedanken gibt es in der LGBTQIA+-Community einen (nicht ganz ernst gemeinten) Begriff: Straight Panic. Also die Panik, die einsetzt, wenn du plötzlich Gefühle hast, die nicht zu deinem Label passen. Straight Panic kann übrigens bei allen sexuellen Orientierungen und Geschlechtsidentitäten auftreten, das betrifft nicht nur monosexuelle und binärgeschlechtliche Personen.

Das Wort dafür hast du jetzt gelernt, aber was machen wir mit dem Gefühl?

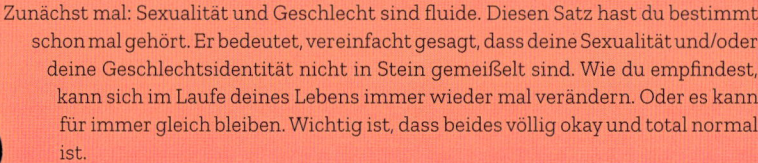

Zunächst mal: Sexualität und Geschlecht sind fluide. Diesen Satz hast du bestimmt schon mal gehört. Er bedeutet, vereinfacht gesagt, dass deine Sexualität und/oder deine Geschlechtsidentität nicht in Stein gemeißelt sind. Wie du empfindest, kann sich im Laufe deines Lebens immer wieder mal verändern. Oder es kann für immer gleich bleiben. Wichtig ist, dass beides völlig okay und total normal ist.

Wenn du jetzt ein Label für dich gefunden hast, das deine Erfahrung passend beschreibt, ist das doch super. Ein Label ist aber kein lebenslanger Vertrag. Es beschreibt deine Sexualität und/oder deine Identität nur so, wie sie aktuell sind. Wenn sich daran etwas ändert, darf sich auch dein Label ändern. Das bedeutet nicht, dass du „gelogen" hast oder „verwirrt" warst, ganz im Gegenteil. Wenn du dein Label änderst, weil du merkst, dass ein anderes besser zu dir passt, heißt das einfach, dass du etwas Neues über dich selbst gelernt hast. Das ist doch eigentlich eine ziemlich schöne Sache. Schließlich geht es in unserer Community vor allem darum, so zu leben und zu lieben, wie man ist, und sich eben nicht zu verstellen, um den Erwartungen von anderen gerecht zu werden.

Leider gehen mit sich verändernden Labels auch immer noch viele Vorurteile einher. Das liegt vor allem daran, dass Menschen gerne in klar zugeordneten und voneinander getrennten Schubladen denken. *Entweder du bist dies oder du bist das, dazwischen gibt es eine klare Trennlinie.* So wird zum Beispiel bisexuellen oder nichtbinären Menschen oft unterstellt, dass sie sich „nur noch nicht für eine Seite entschieden" hätten. So ein Quatsch! Erstens sind diese Labels genauso valide wie alle anderen auch. Bisexualität und Nichtbinärität haben jeweils eine eigene lange Geschichte, eigene Communitys und sind keine „Übergangslösungen".

Und zweitens: Wenn sich eine Person zum Beispiel jahrelang als bisexuell identifiziert hat, aber irgendwann merkt, dass das eben doch nicht mehr passt, dann war ihre Bisexualität vorher nicht weniger valide. Ihre Sexualität hat sich eben einfach verändert.

Eigentlich ist es doch ganz einfach:

Die einzige Person, die wirklich ein Recht hat, dein Label zu hinterfragen, bist du selbst. Niemand verbringt so viel Zeit mit dir wie du.

Niemand kennt deine Gefühle besser.

Deshalb darfst du dir auch selbst vertrauen, wenn es um dein Label geht. (Das Gleiche gilt natürlich auch für andere, also spiel bitte auch nicht Label-Polizei, wenn es um andere geht, nur weil du dir in deinen eigenen Gefühlen komplett sicher bist.) Vielleicht hast du einfach nur registriert, dass da eine attraktive Person vor dir steht, aber du empfindest eigentlich gar keine Anziehung. Oder ein Funke ist übergesprungen und du entdeckst eine neue Seite an deiner Identität.

Vielleicht hast du dich mit einem bestimmten Geschlechtsausdruck besonders wohlgefühlt und deine Geschlechtsidentität ist vielfältiger, als du dachtest. Oder du hast dich einfach wohl in einem Kleidungsstück gefühlt, von dem du es nicht erwartet hättest, das hat aber keinen weiteren Einfluss, weil ein Stück Stoff eben kein Geschlecht hat.

Außerdem können verschiedene Labels auch gemeinsam existieren. Vielleicht hat sich an deiner Sexualität gar nichts geändert und du bist grad dabei, einen neuen Aspekt deiner Geschlechtsidentität zu entdecken. Oder andersherum. So oder so lernst du dich mit jedem Schritt besser kennen.

Wenn du etwas fühlst, was dich überrascht, dann entscheidest du, ob das dein Label verändert. Vertrau dir selbst und wenn es dir hilft, sprich mit anderen über deine Erfahrungen. Vielleicht am besten mit Menschen, die selbst Teil der LGBTQIA+-Community sind. Ich wette mit dir, viele von ihnen haben schon ganz Ähnliches erlebt und ihr könnt euch austauschen oder gemeinsam darüber lachen. Oft verschwindet dann auch die Unsicherheit, weil du dich mit deiner Erfahrung nicht mehr so alleine fühlst.

KAPITEL VIER

MIT DEN SCHWIERIGEN DINGEN UMGEHEN

Queer zu sein ist wunderbar, wirklich. Aber es gibt auch ein paar schwierige Dinge, mit denen wir queeren Mädels uns herumschlagen müssen. Keine Sorge, wir werden sie in diesem Kapitel durchsprechen und uns anschauen, wie wir damit umgehen können.

LGBTQ+-VORURTEILE

Vorurteile gegenüber und Diskriminierung von queeren Menschen können auf individueller Ebene auftreten (wenn zwei Personen interagieren) oder auf größerer gesellschaftlicher Ebene (da geht es dann um Gesetze, Tabus, kulturelle Annahmen etc.).

HOMOFEINDLICHKEIT (AUCH: HOMOPHOBIE)
Eine von Feindlichkeit, Verachtung und Vorurteilen geprägte Einstellung gegenüber homosexuellen Menschen

BEISPIEL: MAN WIRD HOMOFEINDLICH BELEIDIGT.

BIFEINDLICHKEIT (AUCH: BIPHOBIE)

Eine von Feindlichkeit, Verachtung und Vorurteilen geprägte Einstellung gegenüber bisexuellen Menschen

BEISPIEL: DIE ANNAHME, BISEXUELLE MENSCHEN KÖNNTEN SICH „EINFACH NICHT ENTSCHEIDEN" ODER WÄREN „UNERSÄTTLICH", WEIL SIE SICH ZU MEHR ALS EINEM GENDER HINGEZOGEN FÜHLEN

TRANSFEINDLICHKEIT (AUCH: TRANSPHOBIE)

Eine von Feindlichkeit, Verachtung und Vorurteilen geprägte Einstellung gegenüber trans* Menschen

BEISPIEL: WENN JEMAND DARAUF BESTEHT, DASS EIN TRANS* MÄDCHEN KEIN „RICHTIGES" MÄDCHEN IST UND SIE ABSICHTLICH MIT DEM FALSCHEN NAMEN UND FALSCHEN PRONOMEN ANSPRICHT

SEXISMUS

Sexismus bezeichnet eine Art der Unterdrückung und Abwertung und ein System von Vorurteilen, die auf der (lächerlichen, aber gefährlichen) Vorstellung basieren, dass Männer Frauen überlegen wären. Mal ehrlich, wahrscheinlich erzähle ich dir hier nichts Neues. Alltagssexismus ist leider supervorbreitet, du hast wahrscheinlich selbst schon mindestens eines der hier aufgeführten Beispiele erlebt. Vielleicht hast du bloß versucht, für dich einzustehen, und wurdest dafür rechthaberisch, „schwierig" oder zickig genannt. Man hat übrigens festgestellt, dass sich über alles, was Teenie-Mädchen mögen, lustig gemacht wird – ob es darum geht, Mädchen, die sich für Comics interessieren, „Fake Geek Girls" zu nennen, oder auf „verrückte Fangirls" runterzuschauen, die Boybands lieben. Sobald du dir das bewusst machst, fallen dir überall Beispiele für Sexismus auf. Hier kommen ein paar der gängigsten:

GATEKEEPING
Die Vorstellung, dass Mädchen bestimmte Dinge nicht tun sollten oder können, und das anscheinend nur, weil sie ... Mädchen sind?

DOPPELMORAL
Das klassische (und deprimierende) Stereotyp: Wenn ein Mann mit vielen Partner*innen schläft, ist er ein „Hengst" oder ein „Player", aber wenn eine Frau das Gleiche tut, ist sie eine „Schlampe".

TRADITIONELLES VERSTÄNDNIS VON WEIBLICHKEIT

Die Vorstellung, dass alle Mädchen hauptsächlich danach streben sollten, zu heiraten und Kinder zu kriegen.

KLEIDERORDNUNG (z. B. AN SCHULEN)

Regeln, die dazu dienen, insbesondere die Körper von weiblich gelesenen Menschen zu verhüllen, damit sie „die männlichen Schüler oder Lehrkräfte nicht ablenken"; z. B. sollen Mädchen manchmal keine Tops tragen, die viel Haut zeigen.

SEXUALISIERUNG

Auf der Straße werden FLINTA*, aber vor allem weiblich gelesenen Personen oft anzügliche Sprüche hinterhergerufen (sogenanntes Cat-Calling), sie werden begrapscht, objektifiziert oder zum Sex gedrängt.

MANGEL AN RESPEKT

Wenn der Wert einer Frau an ihrer Beziehung zu einem Mann festgemacht wird (z. B. wenn Sätze wie „Stell dir vor, das wäre deine Schwester oder Mutter" den einzigen Grund darstellen, eine Frau zu respektieren. Oder wenn manche Männer erst lockerlassen, sobald du ihnen sagst, dass du einen Freund hast, obwohl du davor schon deutlich gemacht hast, dass du nicht interessiert bist.)

MISOGYNIE (Frauenfeindlichkeit) kann sich mit anderen Erfahrungen und Identitäten vermischen, zum Beispiel:

MISOGYNOIR: eine Form der rassistischen und sexistischen Diskriminierung, die speziell Schwarze Frauen erleben

TRANSMISOGYNIE: die Kombination aus Transfeindlichkeit und Misogynie gegenüber trans* Frauen und transfemininen Menschen, die zu spezifischen Diskriminierungserfahrungen führt, die weder cis Frauen noch trans* Männer teilen

TRANSMISOGYNOIR: das spezielle Zusammenspiel von Rassismus und Transmisogynie, dem Schwarze trans* Frauen durch cis Menschen, aber auch andere queere und trans* Menschen ausgesetzt sind

DER BEGRIFF MISOGYNOIR WURDE ERSTMALS VON MOYA BAILEY GENUTZT UND VON TRUDY AKA @THETRUDZ WEITERENTWICKELT.

TRANSMISOGYNIE WURDE ALS BEGRIFF VON JULIA SERRANO GEPRÄGT.

Dieses Zusammenwirken verschiedener Vorurteile und Diskriminierungen nennt man Intersektionalität. Eine Folge davon können sehr spezielle Herausforderungen, Ungerechtigkeiten oder Gefahren sein.

Bei uns queeren Mädchen können sich zum Beispiel unsere Sexismuserfahrungen und unsere sexuelle Orientierung überschneiden. Gerade junge lesbische Frauen werden oft von Männern, die „Lesbenpornos" gucken, als bloßer Fetisch betrachtet. Ich weiß schon gar nicht mehr, wie oft Männer behauptet haben, sie könnten mich „umdrehen", wenn ich ihnen erzählt habe, dass ich lesbisch bin. Als würde ich meine eigene Identität nicht kennen oder als hätten sie irgendein Recht dazu, mich zuerst als Sexobjekt und erst danach als Mensch wahrzunehmen. Und zum Beispiel Mädchen, die butch sind, sich „maskulin" geben oder auf irgendeine andere Art gängigen Genderstereotypen widersprechen, bekommen oft zu hören, sie würden sich „unweiblich" verhalten. Ihnen wird das Gefühl gegeben, sie müssten sich dafür schämen.

Vielleicht erlebst du auch internalisierte Misogynie, Homo-, Bi- oder Transfeindlichkeit. Das bedeutet, dass du dich selbst nicht magst oder hart über dich oder andere mit der gleichen Identität urteilst, weil du diesen schädlichen gesellschaftlichen Vorstellungen jahrelang ausgesetzt warst und sie verinnerlicht hast.

Manchmal kann es schwierig sein, deine wahren Gefühle von dem zu trennen, was dir erzählt wurde.

Während wir danach streben, gegen Vorurteile und Diskriminierung vorzugehen, müssen wir unbedingt auch über den Tellerrand schauen und den Menschen beistehen, deren Probleme und Erfahrungen sich von unseren unterscheiden. Eine Gruppe von Freund*innen um dich zu versammeln, die verständnisvoll und empathisch sind – und bei denen du dich auskotzen kannst, wenn blöde Sachen wie die oben genannten passieren –, ist eine tolle Möglichkeit, sich Unterstützung zu holen. Vielleicht möchtet ihr einige der Probleme zusammen angehen? In einem späteren Kapitel wird es noch um Aktivismus gehen, aber hier schon mal so viel: Im Laufe der Geschichte hat sich immer wieder gezeigt, dass sich die Leben von FLINTA* durch Menschen verbessert haben, die aufgestanden sind, um Veränderungen herbeizuführen – und ich sehe keinen Grund, warum du das nicht auch könntest.

Es gibt nicht nur den einen „richtigen" Weg, ein Mädchen zu sein, und jedes Mädchen verdient Respekt und Selbstbestimmtheit über ihr eigenes Leben, ihren Körper und ihre Entscheidungen.

KAPITEL FÜNF

MIT MOBBING UMGEHEN

Ich wurde schon dafür gemobbt, lesbisch zu sein, da wusste ich selbst noch nicht mal, dass ich queer bin. Und ich sags, wie es ist: Das war eine ganz schöne Achterbahnfahrt.

Angefangen hat alles, als eine externe Workshopleiterin zu uns in die Klasse gekommen ist, um mit uns ein kleines Spiel zu spielen. Wir haben unsere Tische an die Wände geschoben und dann hat sie eine Reihe von Aussagen vorgelesen. Stimmten wir der Aussage zu, sollten wir auf die eine Seite der Klasse gehen, stimmten wir nicht zu, auf die andere. Ich bin sicher, sie hat gedacht, das sei eine lustige Aufgabe, die zum Nachdenken anregen und uns zeigen sollte, dass es alle möglichen Meinungen gibt. Aber wie du dir wahrscheinlich schon denken kannst … kam es anders. Ich erinnere mich nur noch an eine der Aussagen: „Wenn sich ein Freund oder eine Freundin als schwul oder lesbisch outen würde, würde ich nicht mehr mit ihm oder ihr abhängen." Ich war die Einzige, die nicht zustimmte. Und bei einer Klasse aus lauter 12-Jährigen, die zum Großteil entweder keine Ahnung hatten, was „schwul" und „lesbisch" überhaupt bedeutete, oder denen man erzählt hatte, das wäre etwas Schlechtes, kam meine Antwort nicht besonders gut an. Am Ende der Stunde nahm mich die Lehrerin zur Seite.

Ganz leise, als müsste das unter uns bleiben, hat sie mir gesagt, sie sei stolz auf mich – aber davon abgesehen ging niemand von den Erwachsenen darauf ein, was passiert war, weder in dem Moment noch irgendwann später.

Einige von meinen Mitschüler*innen ließen die Sache allerdings nicht auf sich beruhen. Sie zischten mir auf dem Gang queerfeindliche Beleidigungen zu oder verstummten, sobald ich einen Raum betrat. Bei Diskussionen im Unterricht haben sie offen davon gesprochen, wie eklig sie es fänden, dass homosexuelle Menschen Kinder haben dürften – und die Lehrkräfte unternahmen nichts.
Zum Glück war ich schon viel früher zu dem Schluss gekommen, dass an queeren Menschen nichts falsch ist und dass alle es verdienen, gleich behandelt zu werden. Damals war mir noch gar nicht bewusst, dass ich selbst lesbisch bin, es ging mehr grundsätzlich darum, wie man mit anderen Menschen umgeht. Ich erinnere mich noch daran, wie unglaublich wütend ich auf meine Mobber*innen war, weil sie „Lesbe" für ein Schimpfwort hielten, und dass ich Angst um die nächste Person hatte, die sie sich rauspicken würden, und die vielleicht weniger selbstsicher wäre. Aber ich will ganz ehrlich sein: Selbst, wenn du weißt, dass nichts falsch daran ist, queer zu sein, ist dir trotzdem klar, dass diese Mobber*innen es als Beleidigung meinen – sie sehen dich als falsch an. Und das kann einem echt zu schaffen machen.

Mobbing kann sehr unterschiedlich aussehen. Manche Betroffenen werden ständig verbal fertiggemacht, andere absichtlich ausgeschlossen, wieder andere erfahren körperliche Gewalt und mehr. Homo- oder bifeindliches

Mobbing ist, wenn jemand dir diese Dinge aufgrund deiner Sexualität antut, dich also zum Beispiel queerfeindlich beleidigt oder dir androht, dich zu outen. Genauso ist es transfeindliches Mobbing, wenn jemand trans* Menschen wegen ihrer Geschlechtsidentität angreift. Das Mobbing kann von Mitschüler*innen ausgehen, von Familienmitgliedern, Arbeitskolleg*innen oder sogar von Leuten, die du eigentlich als Freund*innen bezeichnest. Mobbing kann die Betroffenen massiv beeinflussen – sie können Ängste oder Depressionen entwickeln oder sich einsam fühlen. Vielleicht haben sie auch Angst, zur Schule zu gehen, oder sie vermeiden soziale Situationen und Orte, wo sie Mobber*innen begegnen könnten.

Menschen werden aus ganz unterschiedlichen Gründen zu Mobber*innen, und auch ihre Taten und deren Folgen können stark variieren. Einige geben beleidigende Kommentare ab, weil sie nichts über LGBTQ+-Menschen wissen. Anderen wurde der Hass von ihrer Familie oder ihrem Umfeld anerzogen, und sie verstehen nicht, dass es falsch ist, was man ihnen beigebracht hat. Manche teilen vielleicht deshalb aus, weil es ihnen ein gutes Gefühl von Überlegenheit gibt. Aber nur, weil jemand möglicherweise einen Grund hatte, zum*zur Mobber*in zu werden, entschuldigt das weder seine*ihre Taten noch die Folgen, die andere tragen.

Wenn man gemobbt wird, ist mit das Schwierigste daran, dass einem viele der Ratschläge, die man kriegt, total sinnlos vorkommen. Sie konzentrieren sich oft darauf, wie die gemobbte Person die Mobber*innen dazu bringen soll, aufzuhören. Aber „Ignorier sie einfach" oder „Lass sie nicht merken, dass sie dich damit treffen" wird sehr wahrscheinlich niemanden aufhalten. Noch dazu wird dadurch jede berechtigte und verständlicherweise emotionale Reaktion auf das Mobbing heruntergespielt. Statt diese abgedroschenen Phrasen zu wiederholen, werde ich dir also ein paar andere Dinge vorschlagen.

Du solltest dich nicht wegen irgendwelcher Mobber*innen ändern müssen – und was ich gar nicht genug betonen kann: ES IST NICHT DEINE SCHULD.

Du hast nichts getan, womit du es verdient hättest, gemobbt zu werden. Aber du kannst niemanden zwingen, ein guter Mensch zu werden – das muss aus einem selbst heraus kommen. Es ist auch nicht deine Aufgabe, jemanden davon abzuhalten, dich zu schikanieren.

Wenn an deiner Schule, in deinem Ausbildungbetrieb, an deiner Uni oder bei deiner Arbeit sinnvolle Anti-Mobbing-Programme existieren, ist das super. In dem Fall solltest du am besten Beweise für das Mobbing sammeln oder eine Art Mobbing-Tagebuch führen. Gibt es jemanden, der dir in deiner Situation helfen kann, zum Beispiel eine Lehrkraft, eine*n Verwandte*n oder eine*n Vorgesetzte*n, kannst du dieser Person erzählen, was los ist. Aber manchmal ist das keine Option, vor allem, wenn dein Umfeld oder deine Familie queeren Menschen gegenüber nicht besonders offen ist.

Mobbing kann zur Folge haben, dass du dich machtlos fühlst oder sich dein Selbstwertgefühl und Selbstbewusstsein verschlechtern. Hilfreich kann sein, herauszufinden, wie sich diese Wirkung für dich selbst abschwächen lässt. Hier sind ein paar Strategien, wie du mit dem Mobbing umgehen kannst:

Wenn du merkst, dass dein Selbstwertgefühl in den Keller rutscht, überleg doch mal, ob du irgendwelche kreativen Hobbys oder Leidenschaften hast, mit deren Hilfe du dein Selbstvertrauen stärken und Dampf ablassen kannst.

Wenn du dir Sorgen um deine Sicherheit machst: Kannst du jemandem davon erzählen, der in einer Position ist, dir helfen zu können?

Wenn der*die Mobber*in will, dass du dich dafür schämst, wer du bist: Hast du die Möglichkeit, mit anderen queeren Menschen in Kontakt zu kommen, die deine Identität feiern und dir eine andere Sichtweise aufzeigen können?

Das queerfeindliche Mobbing, das mich dazu bringen sollte, mich dafür zu schämen, lesbisch zu sein, ließ sich viel besser ertragen, als ich mich mit meiner eigenen Identität und in meiner Community wohler und glücklicher gefühlt habe. Eine Person auf deiner Seite zu haben, der du dich anvertrauen kannst – zum Beispiel ein*e Freund*in (egal ob online oder vor Ort) –, kann dir außerdem das Gefühl geben, weniger einsam zu sein und dein Schicksal mehr in der eigenen Hand zu haben. Natürlich kannst auch du diese Person für Freund*innen sein, die gemobbt werden.

Manche Menschen denken beim Wort „Mobbing" direkt an dieses stereotype Bild von einem Kind auf einem Spielplatz, das ein anderes Kind zu Boden schubst. Klar kann Mobbing so aussehen, heute erleben allerdings auch viele Menschen Mobbing im Internet. Cybermobbing ist grausam, weil man ihm rund um die Uhr ausgesetzt sein kann. Aber es gibt Mittel und Wege, dem Horror ein Ende zu setzen. Schau dir die Funktionen deiner Social-Media-Apps genauer an – du kannst Leute stummschalten, blockieren, deine Profile auf „privat" setzen, du kannst Nachrichten von anonymen Absender*innen deaktivieren und Accounts melden.

KAPITEL SECHS

DEINE MENTALE GESUNDHEIT

Es ist echt wichtig, dass du dich auch im Alltag regelmäßig um deine mentale Gesundheit kümmerst. Zu viele von uns warten, bis es richtig schlimm wird, bevor sie damit beginnen. Stell dir deine Psyche vor wie ein Glas, das sich langsam mit Wasser füllt – solange nichts über den Rand schwappt, ist alles in Ordnung, oder? Wir wenden uns also ab und versuchen, das Glas für eine Weile zu ignorieren. Aber wenn wir uns wieder umdrehen, steht das Wasser schon bis zum Rand. Und dann klemmt der Wasserhahn und lässt sich nicht abstellen und das Wasser läuft über und auf den Boden, und – oh Gott! – ist das da etwa eine Steckdose???

Ganz ohne Stress und Sorgen gehts nicht – manchmal laufen Dinge schief, oder wir müssen mit größeren Veränderungen klarkommen, die uns ein bisschen aus der Bahn werfen. Und es gibt tatsächlich so was wie gesunden, positiven Stress, den sogenannten Eustress, der uns dazu motivieren kann, uns auf Ziele oder Aufgaben zu konzentrieren, die uns wichtig sind. Und sich Sorgen zu machen kann auch einfach bedeuten, dass man die Person oder die Sache mag, um die man sich sorgt. Aber wenn Stress und Sorgen anfangen, uns im Alltag in die Quere zu kommen – und uns daran hindern, Freude daran zu empfinden –, kann das zu einem echten Problem werden.

Ich habe schon mein ganzes Leben mit psychischen Herausforderungen zu kämpfen, mit Zwängen, Angststörungen und Depressionen, aber mein Gehirn hat mich das alles überstehen lassen! In meiner Highschool-Zeit habe ich mich so durchgewurschtelt. Ich war nie sicher, was ich mit dem anfangen sollte, was in mir so vor sich ging – mit der überwältigenden Panik, die mich manchmal überkam, oder den Zwangsgedanken, die nicht mehr verschwinden wollten. Im Unterricht haben wir rein gar nichts über mentale Gesundheit gelernt, ich musste allein herausfinden, wie ich mit all dem klarkommen sollte.

In meinem ersten Uni-Jahr dachte ich, mir würde es besser gehen. Ich war geoutet und stolz darauf, habe tolle Freund*innen gefunden und einen Haufen neuer Dinge erlebt – klar, das sollten ja auch die besten Jahre meines Lebens sein, oder? Aber dann ist eine Person, die ich durch meinen queeren Aktivismus kennengelernt habe, plötzlich verstorben, und ich bin in eine richtig schlimme Depression abgerutscht. Ich konnte nicht mal mehr aufstehen, um zu duschen, ganz zu schweigen davon, zu meinen Kursen zu gehen. Viele Menschen verstehen unter Depressionen eine tiefe Traurigkeit, aber für mich war es Leere – ein Vakuum, das alle Empfindungen verschluckte – bis auf das Gefühl, langsam überrollt zu werden. Ich habe mir eine Auszeit genommen, meine Prüfungen verschoben und mich in Behandlung begeben, und es war die beste Entscheidung überhaupt.

Sich um die mentale Gesundheit zu kümmern, ist für alle wichtig, aber Studien zeigen, dass junge queere Menschen noch häufiger von psychischen Problemen betroffen sind als gleichaltrige cis hetero Menschen. Das liegt nicht daran, dass queer zu sein dich automatisch depressiv oder ängstlich macht, sondern vielmehr an den schwierigen Erfahrungen, die viele queere Menschen in ihrer Jugend durchleben. Von Leuten umgeben zu sein, die deine Identität infrage stellen, sich nicht outen zu können oder gemobbt zu werden, weil man ist, wer man ist, kann einen psychisch ganz schön belasten, und zwar *zusätzlich* zu den anderen Sorgen, mit denen sich eh alle rumschlagen. Wenn du mit internalisierter Queerfeindlichkeit zu kämpfen hast, fällt es dir vielleicht nicht leicht, nett zu dir selbst zu sein – aber denk dran: Du verdienst es, glücklich zu sein.

Auch wenn viele Warnzeichen für eine mentale Krise so aussehen, wie man sich das vielleicht vorstellt (Gefühle der Hilflosigkeit, Panikattacken, keine Freude mehr an Dingen, die du normalerweise gern tust), kannst du auch völlig andere Symptome haben (wie Vergesslichkeit oder Konzentrationsschwäche), sogar körperliche (wie Kopf- oder Bauchschmerzen oder Erschöpfung). Wie sie sich um ihre eigene mentale Gesundheit kümmern, kann für unterschiedliche Leute ganz unterschiedlich aussehen. Manchen helfen Meditation oder Achtsamkeitsübungen, andere führen ein Tagebuch, und wieder andere werden durch von ihren Ärzt*innen verschriebene Medikamente unterstützt. Genau wie bei der körperlichen Gesundheit macht es dich nicht „kaputt" oder „schwach", Hilfe in Anspruch zu nehmen. Vielmehr liegt eine große Stärke darin zu wissen, dass du es verdienst, glücklich zu sein, vor allem, wenn du in einem Umfeld lebst, das dir das Gefühl gibt, weniger wert zu sein als andere.

Wenn du mit internalisierter Queerfeindlichkeit zu kämpfen hast, fällt es dir vielleicht nicht leicht, nett zu dir selbst zu sein – aber denk dran:

Du verdienst es. GLÜCKLICH zu sein.

Liebe*r Leser*in, versuch doch mal, dir mich mit 14 vorzustellen. Ich habe zu viel Eyeliner drauf und Linkin Park auf den Ohren, und in jedem wachen Moment bemühe ich mich, „gut" zu sein – das heißt, die besten Noten zu kriegen und mich tadellos zu benehmen. Außerdem fühle ich tief im Herzen – das schier zu bersten droht mit einem Begehren, dem ich keinen Namen zu geben wage –, dass mit „gut" auch „cis" und „hetero" gemeint ist.

Meine weiterführende Schule war sehr weiß. Ich war eine von insgesamt drei Schüler*innen of Colour in einem Jahrgang mit etwa 200 Leuten. In dieser Umgebung, in der man meine dunkelbraune Haut und mein mit Relaxer totgeglättetes Haar in einer überfüllten Schulkantine auf Anhieb spotten konnte, war mir sehr bewusst, dass ich beobachtet und gleichzeitig ignoriert wurde. Waren meine schulischen Leistungen nicht perfekt, bot das Anlass zu großer Sorge, doch meine Niedergeschlagenheit nahm niemand zur Kenntnis. Ich war di*er Musterschüler*in des Jahrgangs, aber im Grunde war ich ein Niemand. Ich wusste weder, wie ich mir selbst Raum schaffen sollte, noch, dass es überhaupt ein Selbst gab, für das es sich einen Raum zu schaffen gelohnt hätte.

Lyrik wurde zu diesem Raum. Ich könnte dir gar nicht mehr sagen, was mein erstes Gedicht war. Meine Eltern füllten unser Haus mit Poesie, sie kauften Anthologien und Sammelbände in Sozialkaufhäusern und ermutigten meine Geschwister und mich dazu, uns gegenseitig daraus vorzutragen. Ich machte mit Robert Louis Stevenson und Spike Milligan Bekanntschaft, bevor ich wusste, wer Enid Blyton war, las Percy Shelley vor Jacqueline Wilson. Im Teenageralter weitete sich das zu einer regelrechten Besessenheit von Songtexten aus, und ich wälzte die Lyrics in meinem Kopf so oft hin und her, bis ich jede einzelne Silbe auswendig konnte.

Wenn meine Gefühle mir zu viel wurden, rezitierte ich Auszüge aus Alfred Tennysons *Die Lady von Shallot* oder die *Narzissen* von William Wordsworth. Ich schrieb sie in Notizbücher, neben Liedtexte von Nightwish oder den Red Hot Chilli Peppers. Und ehe ich michs versah, fügte ich eigene Fragmente hinzu. Ich hatte schon immer Gedichte geschrieben, in Verse verpackte Geschichten, die auf Kinderreimen oder Bibelstellen beruhten. Aber die neuen Sachen waren anders – dunkler, chaotischer. Es gab keine erkennbare Handlung, auch keinen Sinn oder irgendeinen roten Faden. Auf leeren Seiten, in den leeren Momenten zwischen Hausaufgaben und dem Zubettgehen, konnte ich meine Wut, meinen Schmerz und meine Verwirrung hinausschreiben. In dieser stillen Einsamkeit wurde ich weder beobachtet noch verurteilt. Die einzigen Grenzen setzte mir mein eigener Wagemut. Auf diesen Seiten verwandelte ich jene, die ich nicht aus meinem Kopf bekam, in Engel oder Dämonen, in Sonne oder Morgenröte. Ich selbst war hungriges Monster, gefallene Seele. Alles, um aus Gedanken schlau zu werden, die ich nicht mehr zu kontrollieren vermochte.

Über die Jahre wurde ich gnädiger. Durch meine Texte lernte ich zu begehren ohne Scham und mir die Menschen, die ich liebte, als Menschen vorzustellen, nicht als Symbole meiner Erlösung oder Verdammnis. Lyrik hat mir gezeigt, wer ich bin, und mir beigebracht, mit diesem Ich zu leben. Die Lektion ist noch nicht abgeschlossen, aber sie bedeutet mir alles.

Springen wir kurz zurück und stellen uns wieder mich mit 14 vor. Wieder höre ich Evanescence und Panic! at the Disco, wieder trage ich schlimmen Eyeliner und eine noch schlimmere Frisur. Stell dir Vormittage in der Schulbücherei vor, an denen ich Freund*innen übers Jugendtheater reden höre. Darüber, dass sie dort – fernab der wachsamen Blicke von Eltern und Lehrkräften – von Workshopleiter*innen und Regisseur*innen angeleitet werden, die sie dabei nicht einengen und sie Leben und Szenarien herbeifantasieren lassen, die zu der Zeit regelrecht skandalös erscheinen. Sobald ich meine Eltern überzeugt hatte, trat ich bei.

Und liebe*r Leser*in, es war alles, was ich mir je erträumt hatte.

Das Theater hat mir Raum für Emotionen gegeben, sie mich ausdrücken lassen. In meinen Rollen konnte ich unfreundlich sein, grausam, kleinlich – und wurde dafür belohnt. Im Jugendtheater konnte ich dem Mädchensein entkommen – und damit den Erwartungen heterosexuellen „guten" Benehmens –, um Van Helsing zu sein, Aladin oder eine vollkommen genderlose Erzählfigur. Auf der Bühne war es egal, dass ich mit meiner Performance weißer Weiblichkeit versagte, weil meine tiefe Stimme, ausladende Bühnenpräsenz und maskuline Angewohnheiten von Vorteil waren. Auf der Bühne konnte ich mich in Jasmin verlieben und bekam dafür Applaus. Überhaupt, ich bekam Applaus. Ich wurde von einem Publikum gesehen, das bewunderte, statt zu urteilen. Das Jugendtheater, mit seiner laienhaften Begeisterung und der kreativen Freiheit, hat mir einen Weg eröffnet, als Schwarze queere Person wirklich wahrgenommen zu werden – und das nicht wie in einem Kuriositätenkabinett.

In den Jahren, nachdem ich beim Jugendtheater aufgehört hatte, hielt die Lyrik mich weiter aufrecht, gab mir einen Grund, mich der Zukunft zu stellen. Sie gab mir Spoken Word, wodurch ich meine Liebe zur darstellenden Kunst wiederentdeckte und hinter einem Mikro mein Zuhause fand. Erst vor Kurzem habe ich auch zurück zum Theater gefunden. Zehn Jahre später ist es noch immer alles, was ich mir je erträumt habe, noch immer ein Weg für mich, gesehen zu werden, ohne kontrolliert zu werden, noch immer eine Zuflucht vor den einengenden Erwartungen des rassistischen Patriarchats. Der Unterschied ist: Heute betrete ich die Bühne als Lyriker*in, di*er sich selbst genau kennt. Heute stehe ich hinter dem Mikro als bisexueller Mensch in meiner ganzen Kraft, eine queere Person, die sich weder verhüllt noch entschuldigt.

Liebe*r Leser*in, heute muss ich mich nicht mehr verstecken.

TEIL 2

SE

BEZIEH

KAPITEL SIEBEN

DATING & ROMANTIK

Auch wenn du noch nie ein Date hattest und noch nie jemanden geküsst hast, kannst du dich mit der sexuellen Orientierung identifizieren, die zu dir passt. Du brauchst keine bestimmte Erfahrung gemacht zu haben, um zu wissen, zu wem du dich hingezogen fühlst und zu wem nicht, das macht dich nicht weniger lesbisch, bi oder queer. Hetero Mädchen dürfen sich ja auch nicht erst dann als heterosexuell bezeichnen, wenn sie einen Freund haben, stimmts?

Jetzt kommt der Teil mit den etwas frustrierenden Neuigkeiten – wobei ich eigentlich ziemlich sicher bin, dass sie für dich gar nicht so neu sind. Es gilt, eine Person zu finden, die nicht nur Mädchen datet, sondern obendrein auch noch an dir interessiert ist, und du selbst musst diese Person natürlich auch mögen. Und dann müsst ihr vielleicht noch aushandeln, wie „geoutet" ihr vor euren Freund*innen, der Familie oder Kolleg*innen überhaupt sein möchtet. Wem wollt ihr davon erzählen? Passen eure Erwartungen und Wohlfühllevel da zusammen?

Wenn du dich zu allen Gendern hingezogen fühlst, musst du eine Person finden, die diesen Teil deiner Identität respektiert.

Aus Liebesromanen und -filmen lernen wir, dass hetero Pärchen sich so ziemlich überall kennenlernen können: in Cafés oder Bibliotheken, sogar inmitten einer Zombie-Apokalypse. Ein cis hetero Mädchen trifft einen Jungen, und nach den Regeln der Heteronormativität kann sie anscheinend einfach davon ausgehen, dass er genauso cis hetero ist. Alles, was zwischen ihnen steht, ist die Frage, ob sein Herz in ihrer Anwesenheit auch höherschlägt. Wenn du lesbisch bist, fühlt sich das nicht ganz so einfach an. Als ich jünger war, habe ich sehr lange befürchtet, ich würde nie jemanden finden, weil die Chance, zufällig ein anderes queeres Mädchen in einem Café zu treffen, mir so absurd gering erschien – ganz zu schweigen von einem Mädchen, für das ich auch noch Gefühle

entwickeln würde. Aber es gibt Mittel und Wege, potenzielle Partner*innen zu finden. Diese Wege entsprechen vielleicht nicht der Hollywood-Version, können aber genauso magisch sein.

Im dritten Teil dieses Buches werde ich noch genauer darauf eingehen, wo du andere queere Leute kennenlernst. An jedem Ort auf der Liste könntest du ebenso gut auf Menschen stoßen, mit denen du dir eine Beziehung vorstellen kannst. Ansonsten gibt es queere Dating-Apps, queere Online-Communitys, LGBTQ+-Gruppen oder -Verbände und Freund*innen von Freund*innen. Aber auch in einem völlig LGBTQ+-unabhängigen Kontext könntest du natürlich eine Person treffen, die dir gefällt. Und wenn du nicht weißt, ob sie dich auch mag, musst du sie nur fragen! (Leichter gesagt als getan, ich weiß. Aber bis wir in der Lage sind, Gedanken zu lesen, ist ehrliches Kommunizieren unsere einzige Option – und stell dir nur mal vor, sie sagt Ja, wäre das nicht toll?!)

Um eine Beziehung einzugehen, müsst ihr, du und dein*e Partner*in, nicht komplett geoutet sein – das müsst ihr aber gemeinsam klären, damit ihr euch beide sicher und wohlfühlen könnt. Deshalb habe ich mir gedacht, ich gebe euch erst mal ein paar süße Beispiele für alle möglichen Arten von Dates.

IN DER ÖFFENTLICHKEIT

STÖBERT ZUSAMMEN DURCH EINEN QUEEREN BUCH-
LADEN UND SUCHT EUCH GEGENSEITIG EIN BUCH AUS.

GEHT ABENDS IN EINE QUEERE BAR ODER EINEN
CLUB, WENN IHR SCHON ALT GENUG DAFÜR SEID.

STELLT EUCH EIN PICKNICK ZUSAMMEN UND
MACHT EUCH EINEN SCHÖNEN ENTSPANNTEN
NACHMITTAG IN DER SONNE.

ERKUNDET EIN STÜCK NATUR - EGAL,
OB BEI EINER AUSGEWACHSENEN WANDERTOUR
ODER AUF EINEM PARKSPAZIERGANG.

PROBIERT GEMEINSAM ETWAS NEUES AUS,
Z. B. EINEN KURS ODER EINE ANDERE AKTIVITÄT.

VERSUCHT ES MIT EINEM KLASSIKER:
ESSEN GEHEN UND KINO.

PRIVAT

KOCHT WAS, DAS IHR BEIDE NOCH NIE PROBIERT HABT.

SPIELT EIN SPIEL (EGAL, OB VIDEO- ODER GESELLSCHAFTSSPIEL ODER EIN PUZZLE).

WERDET KREATIV UND BASTELT ETWAS.

BAUT EUCH EINE HÖHLE AUS DECKEN UND SCHAUT EUCH DARIN GEMEINSAM EINEN FILM AN.

DATES AUF DISTANZ

SCHICKT EUCH GEGENSEITIG DATE-NIGHT-CARE-PAKETE UND PACKT SIE GLEICHZEITIG AUS.

PLANT EINE ONLINE-FILMNACHT MIT WEBCAMS UND TYPISCHEN KINO-KNABBEREIEN.

BESTELLT EUCH GEGENSEITIG ESSEN UND HABT EIN DINNER-DATE MIT ÜBERRASCHUNGSFAKTOR.

SPIELT ZUSAMMEN EIN VIDEOGAME IM ZWEI-SPIELER*INNEN-MODUS UND CHATTET DABEI.

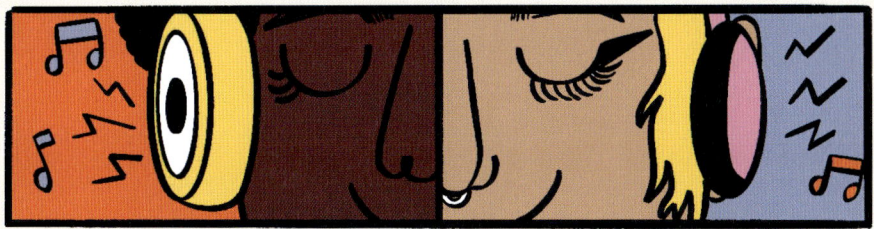

ERSTELLT EUCH GEGENSEITIG EINE MIXTAPE-PLAYLIST UND HÖRT SIE EUCH GEMEINSAM AN.

Einer der größten Vorteile am Queersein ist, dass man nicht an irgendwelche rollenspezifischen Erwartungen gebunden ist. Die Dating-„Regeln" in unserer Gesellschaft setzen nämlich voraus, dass ein Pärchen aus einer cis hetero Frau und einem cis hetero Mann besteht, aber so Sachen wie „Der Mann fragt die Frau nach einem Date" oder „Der Typ lädt die Frau ein" gehen halt irgendwie nicht auf, wenn ihr zwei Frauen seid. Heißt das jetzt, keine von euch muss die Rechnung bezahlen? Könnt ihr einfach standardmäßig gratis in fancy Restaurants essen? Leider nein. Aber es zeigt, wie lächerlich die meisten dieser Erwartungen sind. (In Kapitel 10 ab Seite 84 könnt ihr mehr zu Konsens und Kommunikation lesen.)

Sobald du ein*e Partner*in gefunden hast, gibt es ein paar Dinge, die ihr beachten solltet, wenn ihr eine gesunde Beziehung aufbauen möchtet:

VERTRAUEN

KOMPROMISSE

UNABHÄNGIGKEIT

RESPEKT

UNTERSTÜTZUNG

SPASS

RESPEKT

Ihr respektiert gegenseitig Grenzen und Erwartungen, zum Beispiel in Sachen Zeit, Körper und Gefühle.

Ihr wisst, dass ihr beide ein Recht auf Privatsphäre habt.

Dein*e Partner*in respektiert deine Identität und benutzt z. B. deine korrekten Pronomen.

Ihr respektiert eure jeweiligen kulturellen und religiösen Wertvorstellungen.

UNABHÄNGIGKEIT

Ihr habt eure eigenen Freund*innen, Hobbys und eine Identität außerhalb der Beziehung.

Ihr fühlt euch frei, euch unabhängig von der Beziehung als Person weiterzuentwickeln und zu wachsen.

VERTRAUEN

Ihr kommuniziert offen und ohne
Hintergedanken.

Ihr seid ehrlich zueinander,
auch wenn es manchmal
schwerfällt.

Ihr fühlt euch wohl damit,
über eure Wünsche und Bedürfnisse
zu sprechen.

KOMPROMISSE

Wenn ihr euch uneinig seid oder
ein Problem habt, sprecht ihr ruhig
und respektvoll darüber.

Ihr gesteht euch unterschiedliche
Meinungen zu.

Ihr beide habt „die Hosen an",
das Machtverhältnis in eurer
Beziehung ist ausgeglichen.

UNTERSTÜTZUNG

Ihr ermutigt euch gegenseitig,
eure Träume und Ziele zu verwirklichen.

Ihr unterstützt euch in eurer
persönlichen Entwicklung.

Du erhältst Bestätigung von
deinem*deiner Partner*in.

SPASS

Du bist glücklich und fühlst dich gewertschätzt.

Ihr verbringt Quality Time zusammen, die ihr beide genießt.

Eure Beziehung ist von Humor und Zuneigung geprägt.

EIN PAAR ANZEICHEN FÜR EINE UNGESUNDE BEZIEHUNG

KONTROLLE

wenn dir z. B. vorgeschrieben wird, wie du dich anziehen oder verhalten sollst

ISOLATION

wenn z. B. ein Keil zwischen dich und deine Freund*innen getrieben wird

KÖRPERLICHE GEWALT

wie Tritte oder Schläge

VERBALE GEWALT

wie Beleidigungen und Beschimpfungen oder absichtliche Kränkungen

EINSCHÜCHTERUNG

wenn du z. B. ständig angebrüllt wirst, statt dass ruhig kommuniziert wird

UNEHRLICHKEIT

z. B. wenn dein*e Partner*in dich betrügt

MANGEL AN RESPEKT

wie das bewusste Ignorieren deiner Grenzen

LÄCHERLICH MACHEN

wenn dein*e Partner*in sich z. B. über deine Interessen lustig macht

Im nächsten Kapitel wird es um Sex, Beziehungen und Konsens gehen. Wenn du nicht bereit bist, dir das durchzulesen, oder einfach keine Lust dazu hast, blättere gern weiter zu Seite 90, wo wir darüber sprechen werden, wie du deine Community findest.

KAPITEL ACHT

WAS „ZÄHLT" ALS SEX?

Erinnerst du dich, dass wir vorhin über die unsinnigen Klischees beim Dating gesprochen haben? Tja, so ähnlich ist das auch beim Thema Sex. Für manche Menschen geht es beim Sex darum, dass der Mann seinen Penis in die Vagina der Frau steckt. Alles andere ist nur das „Vorspiel", das auf das „Hauptereignis" hinausläuft, und wenn der Mann gekommen ist, ist es vorbei. Das ist natürlich alles totaler Quatsch. Die Annahme, Penis-in-Vagina-Sex (manchmal auch mit PiV abgekürzt) wäre der einzige „echte" Sex, ist einfach nicht wahr, und sie vermittelt uns eine ziemlich verkorkste Vorstellung davon, wessen Lust in einer Beziehung Vorrang hat.

In Deutschland musst du laut Gesetz mindestens 14 Jahre alt sein, um mit jemandem Sex haben zu dürfen oder „sexuelle Handlungen durchzuführen". Solange du noch nicht 18 bist, darf die Person, mit der du Sex hast, aber nicht viel älter sein. Auch in Österreich liegt das sogenannte „Schutzalter" bei 14 Jahren, in der Schweiz dagegen bei 16 Jahren. Diese Gesetze sind dazu da, junge Menschen vor Missbrauch zu schützen.

Ergänzung des deutschen Verlags, ohne Gewähr

Letztlich ist das, was als Sex „zählt", sehr persönlich und für jede*n anders. Dass es keine klare Definition gibt, kann verunsichern – noch so was, das man selbst herausfinden muss –, aber es kann auch extrem befreiend sein. Es bedeutet nämlich, dass du manche Arten von Sex, von denen gemeinhin „erwartet" wird, dass du sie haben willst oder toll findest, nie zu haben brauchst. Vielleicht ordnest du dich sogar irgendwo auf dem asexuellen Spektrum ein und dir wird klar, dass du eigentlich überhaupt keinen Sex haben möchtest. In jedem Fall ist das deine Entscheidung – dass du über deinen Körper bestimmst, sollte selbstverständlich sein und von all deinen Partner*innen akzeptiert werden.

Was genau könnte denn jetzt für ein queeres Mädchen als Sex gelten? Wenn wir davon ausgehen, dass queere Mädchen trans*, inter* oder cis sein und damit alle möglichen Körper, Genitalien und Partner*innen haben können, kann so ziemlich alles als Sex gelten! An dieser Stelle sollte ich noch erwähnen, dass einige Mädchen sich damit wohler fühlen, ihre Geschlechtsmerkmale mit anderen Namen zu bezeichnen. Wenn du mal nicht weißt, was gemeint ist, frag einfach nach. Betrachte die folgende Liste als eine Art Speisekarte. Wie bei einem Restaurantbesuch ist diese Karte nur eine Aufzählung von Möglichkeiten – du kannst verschiedene Gerichte testen, bei deiner*deinem Partner*in probieren und beim nächsten Mal was völlig anderes bestellen.

ORALSEX

Hierbei stimulierst du die Genitalien von deiner*deinem Partner*in mit dem Mund, den Lippen oder der Zunge. Andere Begriffe, die du für die unterschiedlichen Varianten schon gehört haben könntest, sind unter anderem: lecken, Cunnilingus, Blowjob, blasen oder Anilingus.

DIGITALE PENETRATION

Der fachsprachliche Ausdruck für das umgangssprachlichere „Fingern", also wenn eine Person mit dem Finger in die Körperöffnung einer anderen Person eindringt. Wenn zwei Menschen ihre Hände benutzen, um die Genitalien der jeweils anderen Person zu stimulieren, nennt man das gegenseitige Masturbation.

PENETRATIVER VAGINALSEX

Jede Art von Sex, bei der irgendetwas in die eigene Vagina (oder die von jemand anderem) eingeführt wird. Das können sowohl Sextoys als auch Penisse sein.

PENETRATIVER ANALSEX

Ähnlich wie Vaginalsex, nur, dass diesmal jemandes Anus involviert ist.

NICHT-PENETRATIVER SEX

Darunter fallen z. B. Schenkelsex, Petting oder Befriedigung mit den Händen – Sex, bei dem nichts irgendwo reingesteckt wird.

DIE SCHERENSTELLUNG/ TRIBADIE

Okay, die Scherenstellung fällt genau genommen unter „nicht-penetrativer Sex". Ich führe sie aber extra auf, weil es die sexuelle Handlung zwischen queeren Frauen ist, über die am allermeisten geredet wird – trotzdem ist das nicht für alle was. Die Idee dahinter ist, dass zwei Menschen mit Vulven ihre Beine ineinander verhaken (wie zwei offene Scheren), bis ihre Vulven sich berühren. Und dann kommt es zu sehr viel Gereibe. Viele Leute tun so, als wäre es die eine Sache, die Lesben immer tun, um Sex zu haben. Dabei ist die Stellung für einige unangenehm oder seltsam – sie mögen dann vielleicht dasselbe Prinzip, aber reiben sich lieber an den Oberschenkeln (oder anderen Körperteilen).

SEX MIT FOKUS AUF DER KLITORIS

Viele Menschen mit Vulven finden es schwierig, zum Orgasmus zu kommen, ohne dass die Klitoris stimuliert wird, und für manche Paare stellt diese Stimulation die Grundlage ihres Sexlebens dar – ohne irgendeine Form der Penetration. Man kann die Klitoris mit den Fingern, anderen Körperteilen oder mit Sexspielzeug anregen.

MUFFING

Eine Technik, bei der man mit den Fingern vorsichtig in die Leistenkanäle eindringt und sie stimuliert.

Du selbst hast vielleicht eine Vorliebe für einen bestimmten Punkt auf dieser Liste oder für eine Mischung aus mehreren. Vielleicht magst du auch unterschiedliche Dinge mit unterschiedlichen Partner*innen in unterschiedlichen Lebensphasen. Es gibt keine Regeln!

Neben oder statt sexuellen Handlungen sind für eure Intimität vielleicht auch noch andere Formen der Berührung wichtig: küssen, kuscheln, lecken (abgesehen von Genitalien), streicheln, kleine zärtliche und länger anhaltende sinnliche Berührungen.

Du kannst auch Spielzeuge ausprobieren, um Extraspaß und Abwechslung in dein Sexleben zu bringen (obwohl sie dafür kein Muss sind!). Sextoys, die du dir anschauen könntest, sind zum Beispiel:

Dildos: Sexspielzeuge, die zum Eindringen in Körperöffnungen gedacht sind

Strap-ons: Dildos, die man sich mithilfe eines Geschirrs umschnallen kann, um Vaginal-, Anal- oder Oralsex zu haben

Analplugs: Sextoys, die speziell für anale Penetration designt wurden

Vibratoren: Sexspielzeuge, die vibrieren und zum Auflegen oder Einführen genutzt werden, um die Stimulation und das Lustempfinden zu verstärken

Die Arten von Sex, die ich bisher vorgestellt habe, sind alle sehr körperlich. Aber was ist, wenn du eine Fernbeziehung führst oder du und dein*e Partner*in einfach ein bisschen Spaß haben wollt, während ihr nicht am selben Ort seid? Telefonieren, Nachrichten schreiben und auch das Verschicken von Fotos sind für viele queere Menschen eine Möglichkeit zu mehr Intimität, vor allem, wenn es nicht sicher ist, die Partner*innen mit nach Hause zu nehmen. Aber wenn du unter 18 bist, mach dich bitte mit den bei dir geltenden Gesetzen vertraut. In vielen Ländern kann es als Kinderpornografie gelten, wenn du explizite Fotos versendest, auch dann, wenn du sie selbst gemacht hast. Das ist zum Beispiel in Deutschland, Österreich und der Schweiz der Fall.

Du bist also bereit für dein erstes Mal? Aber wie geht es jetzt weiter?

KAPITEL NEUN

ERSTE MALE & SPASS HABEN

Das Ding mit der „Jungfräulichkeit" ist: Das Konzept ist ziemlicher Humbug. Im Laufe der Zeit wurde ein Riesenwirbel um „Jungfräulichkeit" veranstaltet, besonders um die von Frauen. In der Vergangenheit hat das häufig den Wert einer Frau vor einer potenziellen Heirat festgelegt, außerdem bestimmt, wie es um ihre „Tugend" bestellt war, und triefte nur so vor aufgeladenen Vorstellungen von „Unschuld" und „Reinheit". Oft wird darüber mit Worten geredet, die an Tauschhandel erinnern: Jungfräulichkeit wird einer Person „genommen", wird „geschenkt" oder „verloren". Aber denken wir kurz mal darüber nach: Entsprechend der landläufigen Meinung verlieren hetero Pärchen ihre Unschuld, wenn ein Penis in eine Vagina eindringt. Was ist denn dann, wenn gar kein Penis beteiligt ist? Bleiben diese Menschen dann bis zu ihrem Tod jungfräulich? Kommt mir ehrlich gesagt vor wie ein krasser Denkfehler.

Tja, aber nur weil ein Konzept Humbug ist, heißt das nicht, dass es keine Auswirkungen auf die Wirklichkeit hat. Für manche Menschen ist das erste Mal keine große Sache, für andere hat es eine enorme Bedeutung. Beide Haltungen (und alles dazwischen) haben auf jeden Fall ihre Berechtigung. Wichtig ist nur, dass du im Kopf behältst: Dein Wert nimmt nicht plötzlich ab, sobald du Sex hattest.

Kommunikation ist das A & O beim Sex.

Darüber zu sprechen, was du magst, was du nicht magst und was du gern mal ausprobieren würdest, ist superwichtig. Du kannst nicht automatisch wissen, was deinen Partner*innen gefällt, und auch sie können keine Gedanken lesen. Sehr wahrscheinlich wird nicht jede Person, mit der du Sex hast, dein*e Seelenverwandte*r sein. Aber du solltest ihr deinen Körper anvertrauen können, und umgekehrt genauso – selbst bei lockeren Affären oder einmaligen Treffen. Jedes Mal mit einer neuen Person wird ein erstes Mal: eine neue Gelegenheit, um zu entdecken, was sie mag und was ihr gemeinsam genießt.

Vielleicht hast du durch Pornos schon eine Vorstellung davon, was von dir beim Sex „erwartet" wird bzw. wie du dich verhalten „solltest". Aber die meisten Pornos haben mit richtigem Sex nicht allzu viel zu tun. Häufig werden sie nicht von FLINTA* für FLINTA* gemacht, sondern sprechen eher cis hetero Männer an. Pornodarsteller*innen sind bezahlte Schauspieler*innen an einem Set mit Scheinwerfern und einem Drehbuch – das unterscheidet sich definitiv vom Sexleben der meisten Menschen. Sex, und besonders das

erste Mal, kann ein bisschen peinlich oder chaotisch werden, aber er kann auch aufregend sein und Spaß machen. Du und dein*e Partner*in sitzt im selben Boot, und ihr beide wollt euch selbst und eurem Gegenüber eine schöne Erfahrung bescheren. Also lass die andere Person wissen, was dir gefällt, und tastet euch da vorwärts.

Wenn du es nicht ohnehin schon ausprobiert hast, könntest du versuchen zu masturbieren, bevor du mit einer anderen Person Sex hast. Selbstbefriedigung wurde im Sexualkundeunterricht an meiner Schule nie thematisiert. Wahrscheinlich dachten die Lehrer*innen, wenn es einfach nie erwähnt wird, erfahren Mädchen gar nicht erst, dass es das gibt. Die Vorstellung, dass Masturbation nur was für pubertierende cis Jungs ist, ist in unserer Gesellschaft ziemlich verbreitet – und total lächerlich. Es ist völlig normal für junge (und alte) Menschen aller Gender, sich selbst zu befriedigen. Es kann dir helfen, deinen eigenen Körper besser zu verstehen und herauszufinden, welche Art von Berührungen du magst und welche nicht. Das ist nichts, wofür man sich schämen muss. Wenn du schon ein bisschen allein experimentiert hast, kannst du mit deinen Partner*innen auch besser darüber sprechen, was du gern zusammen ausprobieren möchtest.

KOMMUNIKATION IST DAS A & O BEIM SEX.

KAPITEL ZEHN

KONSENS &
SAFER SEX

Der Sexualkundeunterricht an Schulen richtet sich größtenteils an heterosexuelle Kinder und Jugendliche. Es wird vor den Gefahren von Geschlechtskrankheiten gewarnt, und vielleicht soll man auch mal ein Kondom auf eine Banane ziehen, damit niemand schwanger wird – so in der Richtung. Aber all das könnte dir ziemlich belanglos vorkommen, wenn du dich fragst, was zwei Menschen mit Vulven tun müssen, um sich zu schützen. Schaut man sich mal im Internet um, findet man viele Leute, die wissen wollen, ob zwei cis Lesben überhaupt eine Geschlechtskrankheit bekommen können.

DIE ANTWORT AUF DIESE FRAGE IST JA.

Auch wenn beide Vulven haben, können sie auf jeden Fall Geschlechtskrankheiten übertragen, und zwar dadurch, dass sich die Vulven berühren, durchs Fingern, durch Oralsex oder durch das Tauschen von Sextoys, ohne sie zwischendurch zu reinigen.

Reden wir also darüber, wie man sich beim Sex schützen kann ...

Hilfsmittel, mit denen du dich schützen kannst, sind z. B.

- * für penetrativen Sex: Kondome (für den äußeren Gebrauch) oder Femidome (für den inneren Gebrauch)
- * Lecktücher für Oralsex
- * Handschuhe oder Fingerlinge fürs Fingern

Das sind alles Verhütungsmethoden, die eine physische Barriere zwischen dir und deiner*deinem Partner*in schaffen.

Bevor du diese Hilfsmittel nutzt, lies dir immer erst einmal die Gebrauchshinweise durch und sorg dafür, dass ihr beide Bescheid wisst, wann ihr sie auswechseln solltet, um eine mögliche Ansteckung zu verhindern. Wenn ihr zum Beispiel einen Dildo verwendet, solltet ihr immer ein neues Kondom darauf ziehen, ehe ihr hin und her tauscht oder zwischen verschiedenen Körperöffnungen (auch bei derselben Person) wechselt.

Bei sicherem Sex geht es nicht nur um unsere Körper – unsere emotionale Unversehrtheit ist genauso wichtig. Deshalb steht Konsens, also gegenseitiges Einvernehmen, ganz oben auf der Liste, wenn wir über Sex und Beziehungen reden.

> **Konsens bedeutet, dass alle Beteiligten zu jeder Zeit einverstanden sind mit dem, was gerade passiert. Er ist absolut unverzichtbar für jede Art von sexueller Handlung.**

Das Einverständnis zum Sex muss freiwillig gegeben werden und überzeugend sein, und die Person muss genau wissen, worauf sie sich einlässt. Manche Leute befürchten, dass es den Moment kaputtmacht, wenn man nach Konsens fragt, aber wenn es „den Moment kaputtmacht", dafür zu sorgen, dass alle glücklich sind und sich auf das freuen, was gleich passiert, dann war der Moment vielleicht von vornherein gar nicht so besonders toll. Und einer Person ganz direkt zu erzählen, was du mit ihr vorhast, kann an sich schon ziemlich sexy sein!

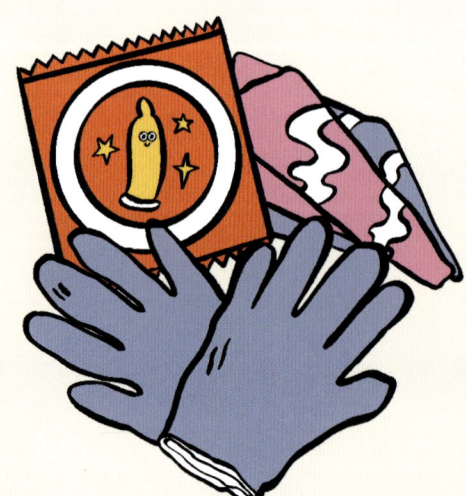

Wege, um Konsens einzuholen und auszudrücken:

Hör nicht auf!

Ein bisschen langsamer, mhm, perfekt.

Wollen wir als Nächstes … probieren?

Ist das hier okay?

GENAU SO!

Darf ich dich küssen?

Soll ich weitermachen?

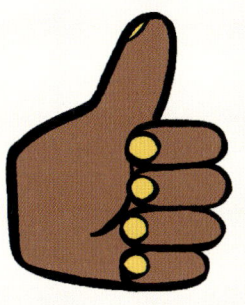
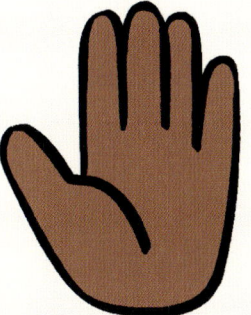
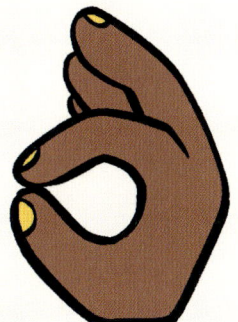

Wahrer Konsens sieht so aus:

INFORMIERT: Alle Beteiligten wissen ganz genau, worauf sie sich einlassen.

FREIWILLIG: Alle Beteiligten können ebenso leicht „Nein" wie „Ja" sagen.

ÜBERZEUGT: Alle Beteiligten freuen sich auf das, was passiert, statt einfach nachzugeben oder überredet zu werden.

UMKEHRBAR: Alle Beteiligten haben das Gefühl, zu jeder Zeit ihre Meinung ändern und ihr Einverständnis zurückziehen zu können.

BEWUSST: Alle Beteiligten sind bei vollem Bewusstsein und können ihre Umgebung und die Situation einschätzen. Dazu gehört auch, dass man nüchtern und ansprechbar ist.

Ein „Nein" von deiner*deinem Partner*in ist immer, immer zu respektieren. Das kann ein buchstäbliches „Nein" sein, aber auch so oder so ähnlich aussehen:

STOPP.

Warte...

Ich bin müde, können wir heute lieber nicht ....?

deine Hände wegschieben

erstarren/„einfrieren"

sich abwenden

aussehen, als würde man sich nicht wohlfühlen

Wenn du unsicher bist, ob dein*e Partner*in sich wohlfühlt, brauchst du nur nachzufragen. Noch besser: Redet schon darüber, bevor ihr irgendwas startet, und sorgt für Klarheit. Alle sollten Bescheid wissen, dass es zu jeder Zeit okay ist, Nein zu sagen, auch mittendrin. Niemand schuldet jemand anders den eigenen Körper, auch nicht, wenn si*er zu einem anderen Zeitpunkt oder zu einer anderen Art von Sex schon mal zugestimmt hat – selbst dann nicht, wenn das erst kurz zuvor war.
Es ist völlig in Ordnung, die eigene Meinung zu ändern, und wenn dich jemand bittet aufzuhören, sollte das sofort geschehen.

TEIL 3

DIE EIGENE COMMUNITY FINDEN

KAPITEL ELF

QUEERE RÄUME UND FREUND*INNEN-SCHAFT

Vor deinem Coming-out machst du dir vielleicht Sorgen darüber, was deine Freund*innen davon halten werden oder ob sich euer Verhältnis ändern wird. Für viele Menschen ändert sich kaum etwas – womöglich haben deine Freund*innen Fragen, aber sie lieben dich und wollen dich auf der Suche nach deiner Identität unterstützen. Leider kann es aber auch passieren, dass wir aufgrund unseres Genders oder unserer Sexualität aus einem Freundeskreis ausgeschlossen werden.

Falls sich deine Beziehungen zu bestimmten Menschen verändern sollten, denk immer daran: Es ist nicht deine Schuld! Da draußen gibt es superviele Leute, die sich glücklich schätzen würden, dich als Freund*in zu haben. Queere Freund*innenschaften und Räume sind auch deshalb so toll, weil sie uns ermöglichen, unsere eigenen Wahlfamilien zu gründen, die an die Stelle von Geschwistern oder sogar Eltern treten können. In den Familien, in die wir hineingeboren werden, haben wir als queere Menschen nicht unbedingt Verwandte mit der gleichen Identität, sodass wir nicht von Anfang an alles über unsere Geschichte, Kultur oder unsere Community lernen. Das müssen wir also später nachholen, zum Beispiel mit Büchern wie diesem hier. Wenn wir queere Räume für uns finden, teilen und verbreiten wir echte Erfahrungen aus dem queeren Leben wie auch die Geschichten derjenigen, die vor uns gelebt haben.

Es kann ein unheimlich starkes Zugehörigkeitsgefühl entstehen, wenn du auf andere Menschen triffst, die deine Identität und deine Erfahrungen verstehen – eine Art beiläufige Bestätigung, die der Seele guttut. Damit will ich nicht sagen, dass du dich nicht auch von Freund*innen oder Familienmitgliedern, die nicht queer sind, akzeptiert fühlen kannst. Aber queere Communitys können dich auf wunderbare Weise stärken, selbst wenn du schon andere Unterstützer*innen hast. Ich nutze hier bewusst „Communitys" im Plural, weil es nicht die eine große Community gibt. Immerhin haben LGBTQ+-Menschen genauso viele unterschiedliche Persönlichkeiten und Interessen wie cis hetero Menschen auch! Noch dazu bist du vielleicht auf der Suche nach spezifischen queeren Communitys, die weitere Aspekte deiner Identität teilen, wie zum Beispiel Religion oder *race*. Sie alle können das Gefühl von Verständnis und geteilter Erfahrung noch verstärken.

Jahrhundertelang befand sich der für eine Frau vorgesehene Platz zu Hause und an der Seite eines Mannes, ob das nun ihr Vater oder ihr Ehemann war. Na, schönen Dank auch! Räume für queere Frauen, die als Zuflucht vor Sexismus und Queerfeindlichkeit dienten, waren überlebenswichtig. Dazu zählten Bars für Lesben, queere Buchläden oder Cafés, auch aktivistische Gruppen. Bevor es das Internet und die sozialen Medien gab, haben sich Frauen in diesen Räumen getroffen oder über Pamphlete, Poster und Artikel miteinander kommuniziert. Heute ist es natürlich viel leichter, andere queere Frauen zu treffen, wenn du das möchtest – sowohl online als auch in realen Safe Spaces für queere Menschen, die du zum Beispiel übers Internet finden kannst.

Queere Räume wie Jugendzentren, queere Geschäfte oder auch die Wohnungen queerer Freund*innen können aber noch mehr leisten, als nur ein Zugehörigkeitsgefühl zu vermitteln. Sie sind Zufluchtsorte für all diejenigen, die mit Menschen zusammenleben, die sie nicht unterstützen. Viele queere Menschen trauen sich nicht, sich in der Öffentlichkeit vollkommen out zu zeigen (zum Beispiel auf der Straße mit der*dem Partner*in Händchen zu halten). Viel leichter fällt das in einem Umfeld, in dem deine Gefühle und wie du dich ausdrückst als so normal angesehen werden, wie es eigentlich auch sonst überall der Fall sein sollte.

Alles beginnt mit einer gestressten Freundin. Ich bin von Großbritannien nach Florida geflogen, um meine Partnerin Sarah zu besuchen. Sie ist total erschöpft, und ich finde, wir haben uns eine kleine Flucht aus dem Alltag verdient. Nach ein bisschen Überzeugungsarbeit stimmt Sarah zu, also packen wir ein paar Sachen und fahren nach Orlando in einen Freizeitpark.

Während wir zusammen einer queeren Playlist lauschen, werden wir ganz ruhig. Ich liebe es, mit meiner Freundin Zeit zu verbringen, sie ist die liebevollste, kontaktfreudigste und loyalste Person, die ich kenne. Nur braucht sie manchmal einen kleinen Schubs, um sich selbst mit ebenso viel Nachsicht zu begegnen wie ihren Lieblingsmenschen. Sie lässt zu, dass ich schubse, und so entfliehen wir.

Solange ich denken kann, fand ich immer Wege, dem Alltag zu entfliehen. Als ich jünger war, habe ich mich oft selbst überzeugt (oder zumindest überzeugend gespielt), dass ich krank wäre, um nicht in die Schule zu müssen. Später konnte die „Flucht" der Besuch eines Londoner Theaters sein oder Achterbahnfahren mit anderen Freizeitparkbegeisterten.

Während der letzten zehn Jahre habe ich die Fähigkeit, zu entfliehen, wann immer ich will, zum Teil verloren. Neue Umstände, neue Beziehungen, veränderte Erwartungen und Verpflichtungen. Und das Coming-out als trans*: Egal, wie ich mich anziehe, eine Flucht scheint unmöglich. Neutrales Outfit: Ich werde als männlich angesehen – was ich nicht bin. Femme-Outfit: Wahrscheinlich werde ich immer noch nicht so gelesen, wie ich es möchte.

Wenn du mit Menschen zusammen bist, die dich gut kennen – oder zumindest selbst wissen, wie es ist, „ungesehen" zu sein –, hast du viel eher das Gefühl, als die Person gesehen zu werden, die du sein willst. An dem Wochenende unserer Flucht nach Orlando habe ich mich vermutlich sicherer und „gesehener" gefühlt als je zuvor – eine Geschichte, die ich immer wieder total gern erzähle.

Die Menschen, die diese Geschichte ausmachen, sind meine Partnerin Sarah, meine gute Freundin Paige und Annie (auch hier im Buch!), die ich erst noch kennenlernen werde. Am Tag nach unserer Ankunft suchen Sarah und ich uns ein Restaurant im Freizeitpark aus. Annie und Paige stoßen zu uns, und sofort beginnen wir, über alles Mögliche zu quatschen, das uns in den Sinn kommt (das erste Thema sind Horrorfilme). Eine *disfigured* lesbische trans* Frau und ihre bisexuelle Freundin, eine mehrgewichtige bisexuelle Prinzessin und ein*e nicht-binäre*r Latinx mit Behinderung, di*er einen Rollstuhl nutzt. Kann sein, dass das ein ungewöhnlicher Anblick ist, eine außergewöhnliche Gruppe, und alle von uns queer, alle glücklich.

Wir essen zu Abend, aber danach hat niemand von uns das Gefühl, wir hätten auch nur annähernd genug Zeit zusammen verbracht. Also laden wir Annies Rollstuhl ins Auto und fahren zum nächsten Restaurant, auf der anderen Seite des Resorts. Hier gibt es einen Sandstrand und Hängematten. Mit Blick auf den See warten wir auf unseren Tisch und versuchen, uns alle gemeinsam in eine der Hängematten zu quetschen. Zwischen Herumkugeln, Rauspurzeln und Gekicher (und Posts auf Instagram) bemühen wir uns, die Contenance zu wahren. Aber wir bleiben ein chaotischer Haufen.

Mein Lieblingshängemattenmoment ist der, als ich Paige wieder auf die Beine helfe. Paige hat weiche Hände. Wir sollten die Hände unserer Freund*innen öfter berühren, wenn wir können und alle Beteiligten es möchten.

Im Restaurant herrschen Aufregung und ein hoher Geräuschpegel. Mit übertriebenem Tamtam werden besondere Drinks serviert, und wir lachen uns halb heiser. Ich halte jeden Moment fest. Erfahrungen, von denen ich dachte, ich hätte sie gemeinsam mit verflossenen Freundschaften und Beziehungen zurückgelassen, als ich meine alte Haut abgeworfen habe. Mich für die Transition und die Veränderung zu entscheiden, hat mich nicht zerstört. Ich komme zurecht, und das besser als je zuvor. Habe eine echte, gleichberechtigte Beziehung, Freund*innen die queer, behindert und auf verschiedene Arten marginalisiert sind, was uns hilft, uns gegenseitig klarer zu sehen. Kein Aneinandervorbeireden, bloß das intuitive Gespür, dass alles richtig ist. Wir haben eine tolle Zeit, lachen, genießen unsere Drinks und ranten über all die Dinge, mit denen wir klarkommen müssen: Ableismus und Rassismus, Fettfeindlichkeit und das Gefühl des Alleinseins. Doch in diesem geschützten Rahmen geschieht das auf so liebevolle, gute Weise, dass wir uns alle gleich viel weniger allein fühlen.

Ich liebe uns. Und wir lieben jeden Augenblick, finden immer noch kein Ende und landen in einem weiteren Restaurant, in der Nähe von unserem Ausgangspunkt. Zwar sind wir müde, aber das ist es uns wert. Wir reden und lachen weiter, schießen Fotos, holen das Beste aus diesem Abend heraus.

Als wir uns irgendwann doch auf den Rückweg zu unseren Autos machen, fängt Annie an – ob als Anspielung darauf, was der Abend gekostet hat oder einfach, weil they Lust dazu hat –, *Big Spender* von Cy Coleman zu singen. Ich stimme mit ein, und Sarah filmt uns. Nur wenige Stunden nach unserem Kennenlernen ist Annie schon dabei, ein*e der besten Freund*innen zu werden, die eine selbst ebenso nicht-binäre lesbische Person mit Behinderung haben kann.

Ein Tag mit meiner unerschütterlichen, strahlenden Partnerin, meiner großherzigen, scharfsinnigen alten und meiner energiegeladenen, überschwänglichen neuen Freundin – drei wundervolle Erinnerungen daran, dass ich nach der Transition neue, liebevolle Menschen gefunden habe, mit denen ich mein neues, liebevolles Leben teile. Die Person zu werden, die ich bin, heißt nicht, dass ich jegliche Hoffnung aufgeben musste, einer Welt entfliehen zu können, die diese bessere Version von mir in die Knie zwingen will. Ich musste nur die richtigen Leute finden, mit denen ich meine Flucht aus dem Alltag antreten konnte.

Auf dem Heimweg mit Sarah im Auto lasse ich – und das sage ich ohne Übertreibung – einen der besten Abende meines Lebens Revue passieren. Ich bin eine lesbische, nicht-binäre trans* Frau. Ich verdiene tolle Erfahrungen mit tollen Menschen, die ich liebe, und ich habe sie gehabt.

Und ich werde noch mehr davon haben.

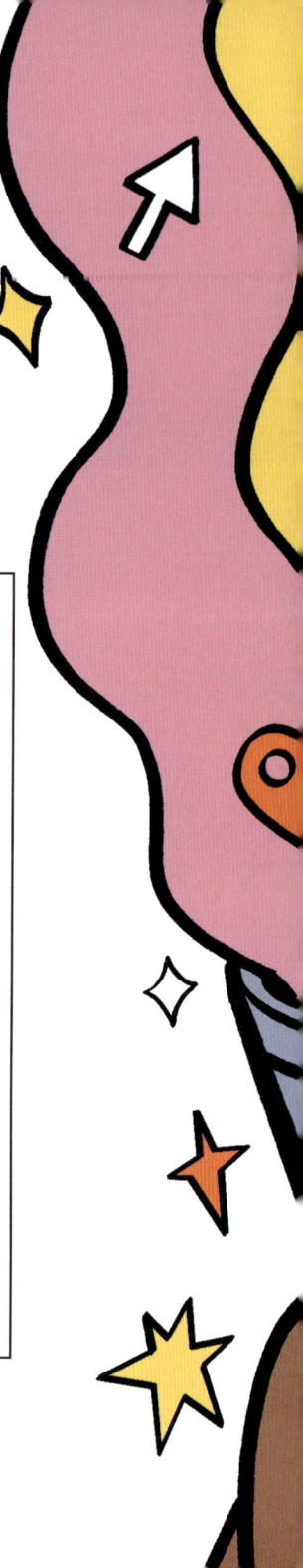

KAPITEL ZWÖLF

WIE DU QUEERE RÄUME FINDEST – ONLINE UND IM ECHTEN LEBEN

Soweit ich mich erinnere, habe ich nie auf Biegen und Brechen versucht, queere Freund*innen zu finden. Und doch sind die allerwenigsten meiner Freund*innen cis und hetero. Dabei habe ich keine*n von ihnen an explizit queeren Orten wie Clubs oder Bars kennengelernt, und auch nicht auf traditionell queeren Events wie der Pride-Parade. Wo also dann?

Queere Freund*innen findest du nicht unbedingt, indem du in freier Wildbahn eine queere Person entdeckst und dich ihr vorstellst. Du kannst ja nicht allein vom Aussehen eines Menschen auf die Identität schließen. Eine mögliche Erklärung dafür, wie es bei mir gelaufen ist, könnte sein, dass irgendwo in mir drin ein mächtiger Queerness-Magnet steckt, der jede LGBTQ+-Person im Umkreis von 100 Metern anzieht. Aber ich schätze, das wäre spätestens bei dem MRT, das ich als Teenager hatte, aufgefallen. Sehr viel wahrscheinlicher ist, dass ich nach außen hin so offensichtlich *out and proud* bin, dass sich andere queere Menschen in meiner Gegenwart einfach wohlfühlen (und ein paar queerfeindliche Menschen wahrscheinlich abgeschreckt werden)!

*Du musst nicht unbedingt in spezifisch queeren Räumen nach Freund*innen suchen – uns gibt es so ziemlich überall.*

Vielleicht sehnst du dich aber auch aus all den zuvor schon erwähnten Gründen – und noch ein paar eigenen – nach einer größeren Community.

Dann könntest du nach einem queeren Umfeld suchen, in dem du dich wohlfühlst.

IST TANZEN UND FEIERN DEIN DING? WENN DU ALT GENUG BIST, GEH AUF EINE QUEERE PARTY IN EINEM CLUB ODER EINER BAR.

IM HERZEN EINE KLEINE SPORTSKANONE? VIELE STÄDTE HABEN QUEERE SPORTTEAMS.

Dir deine queeren Kontakte über gemeinsame Interessen zu suchen, hat den großen Vorteil, dass bei ihnen – im Gegensatz zu vielen Freund*innenschaften, die du als Kind oder Teenie geschlossen hast – nicht die räumliche Nähe der größte gemeinsame Nenner ist. Du kannst dich zum Beispiel auch außerhalb deiner Schule umschauen und Verbindungen zu Menschen aufbauen, die deine Interessen und Hobbys teilen.

Falls dich meine Beispiele oben abschrecken sollten oder du einfach Respekt davor hast, neu in eine große Gruppe voller unbekannter Menschen zu kommen, ist vielleicht so was wie ein queerer Basteltreff oder eine andere Runde, in der es um ein Hobby geht, mehr dein Ding. Vielleicht findest du in deiner Nähe eine queere oder queerfreundliche Gruppe, die eine deiner Leidenschaften teilt. Immerhin haben wir LGBTQ+-Menschen genauso vielfältige Interessen wie andere Leute auch. Der Vorteil: Ihr habt direkt ein Gesprächs-thema. Und wenn du nicht sofort drauflos-quatschen möchtest, kannst du dich erst mal auf eine Tätigkeit konzentrieren. Alternativ könntest du dir natürlich auch größere Events raussuchen, die zu deinen Interessen passen, wie eine Comic Con. Da gibt es dann vielleicht ein kleines queeres Get-Together, mit lauter Menschen, die ganz heiß darauf sind, sich über ein Thema zu unterhalten, das du liebst!

Und ganz ehrlich: Die meisten Leute bei diesen Treffen und Veranstaltungen waren am Anfang bestimmt genauso nervös wie du. Sie hatten bloß ein bisschen Vorlauf, um Bekanntschaft zu schließen.

Und falls es in deiner Gegend so gar keine Angebote gibt … könntest du vielleicht darüber nachdenken, selbst ein Treffen zu organisieren oder eine Gruppe zu gründen!

Abgesehen von Sport- und anderen Vereinen gibt es oft auch LGBTQ+-Jugendzentren, queere Buchläden, Cafés, Museen und Archive, Glaubensgemeinschaften, queere Stadtviertel oder Orte mit queerer Geschich-te sowie einmalige Veranstaltungen.

Natürlich gibt es auch online queere Räume. Ich habe mich zum ersten Mal in einem Internetforum für LGBTQ+-Jugendliche mit anderen queeren Menschen ausgetauscht. Aber du wirst auch auf Discord, Social Media, über Online-Meetups, spezielle Apps für die Community und so weiter fündig. Ein paar tolle Freund*innen habe ich über YouTube gefunden: Wir haben gegenseitig unsere Videos gehypt und über gemeinsame Interessen gechattet.

ACHTE ABER DARAUF, DASS DU DICH ONLINE GUT SCHÜTZT.

Als queere Person musst du dabei wahr-scheinlich noch ein bisschen mehr auf dich aufpassen als deine cis hetero Bekannten. Was du zum Beispiel machen kannst:

* Prüfe deine Privatsphäre-Einstellungen, um sicherzugehen, dass du dich durch Posts nicht unfreiwillig outest.
* Wenn du unter 18 bist, nutze Plattformen, die für queere Jugendliche gedacht sind.
* Hab keine Hemmungen, die Funktionen *Blockieren*, *Stummschalten* und *Melden* einzusetzen, um Hasskommentaren und aufwühlenden Nachrichten etwas entgegenzusetzen.

Kontakte zu Online-Freund*innen können genauso besonders sein wie die zu Menschen, die du jeden Tag in der Schule oder bei der Arbeit siehst. Vielleicht kannst du mit ihnen ebenso gut über deine Träume und Ängste reden. Wenn du als queere Person nicht in der Nähe von leicht zugänglichen Angeboten lebst, können diese Freund*innenschaften viel dazu beitragen, dass du dich aufrichtig akzeptiert fühlst.

KAPITEL DREIZEHN

STYLE & AUSDRUCK EIGENER IDENTITÄT

Ich kenne nicht wenige Menschen, die nach ihrem Coming-out „so richtig queer" aussehen wollten. Sie wollten diese wichtige Sache, die sie gerade mit sich selbst ausgemacht hatten, unbedingt mit den Leuten auf der Straße teilen. Denn warum sollte ein so wichtiger Bestandteil ihrer Persönlichkeit den Leuten um sie herum, selbst denen aus der eigenen Community, verborgen bleiben? Auch ich bin auf jeden Fall versucht gewesen, mich auf eine Weise zu präsentieren, die andere Leute (vor allem andere queere Menschen) darauf brachte, dass ich lesbisch bin. Total verkleidet vorkommen wollte ich mir aber auch nicht. Ich wollte das gute Gefühl, mit meiner Sexualität im Reinen zu sein, nicht gleich wieder ersetzen durch das ungute Gefühl, mich zu verstellen. Am Ende habe ich einfach einen Haufen Aufnäher und Buttons gekauft, die das Queersein feiern … was ehrlich gesagt auch „so richtig queer" von mir war.

Das Ding ist: Es gibt keine Frisur, kein Kleidungsstück und keinen Style, der für wirklich alle als queer gilt.

Einige Arten, sich zu kleiden oder sich auszudrücken, werden trotzdem gesellschaftlich mit Queerness assoziiert. Vielleicht hast du schon das eine oder andere Klischee aufgeschnappt. Manches davon kommt einem erst mal verwirrend und eher willkürlich vor, zum Beispiel: „Lesben verwandeln alles in Ohrringe!" Immerhin beeinflusst ein Schmuckstück nicht deine Sexualität. Aber unsere Community nutzt schon lange Accessoires, um ihre sexuelle Identität nach außen hin für andere sichtbar zu machen: von den schwarzen Ringen asexueller Menschen bis hin zu dem noch relativ neuen Trend lesbischer Frauen, die ausgefallensten Ohrringe zu tragen.

Obwohl innerhalb der LGBTQ+-Community viele Witze rumgehen, dass man über Mode die sexuelle Identität von jemandem erraten kann, sollten wir uns immer wieder daran erinnern, dass das letztendlich nur Stereotype sind. Ich meine, okay, kann sein, dass ich eine Sammlung großer absurder Ohrringe habe, aber das allein macht mich ja nicht lesbisch.

Für manche queere Mädchen ist der Geschlechtsausdruck ein enorm wichtiger Teil ihrer Identität. Zum Beispiel haben Labels wie **BUTCH** oder **FEMME** (und die damit einhergehende Art, sich zu stylen) eine lange Tradition in unserer Community und drücken eine Beziehung zu Maskulinität und Femininität jenseits traditioneller heterosexueller Gendervorstellungen aus. Du musst dich aber nicht für eins der beiden entscheiden.

ES GIBT GENAUSO VIELE ARTEN, DICH UND DEINE IDENTITÄT AUSZUDRÜCKEN, WIE MENSCHEN AUF DER WELT.

Was ich in queeren Räumen mit am befreiendsten finde, ist der entspannte Umgang mit sozialen Erwartungen in Bezug auf Gender. Gerade wir Frauen und Mädchen sollen ja oft sehr starren Schönheitsidealen entsprechen, die dadurch bestimmt werden, was in einer heteronormativen Gesellschaft historisch bedingt als attraktiv gilt. Daraus folgt auch, dass wir nicht immer klar unterscheiden können, ob es jetzt unser eigener Wunsch ist, uns zum Beispiel zu schminken oder zu rasieren, oder der Druck von außen. Möchte ich meine Beinbehaarung wirklich für mich

loswerden? Oder rasiere ich mich nur, wenn andere Leute mich sehen könnten? Meine komplette Teenagerzeit über habe ich mir die Beine enthaart. Schon der Gedanke, jemand da draußen könnte auch nur ein paar Härchen an meinen Waden entdecken, war … unglaublich peinlich! Aber dann ist mir irgendwann aufgefallen, dass ich mich im Winter null darum gekümmert habe, weil ich nämlich die ganze Zeit über lange Jeans anhatte und zu Hause die Einzige war, die meine Beine zu Gesicht bekommen hat. Da habe ich verstanden: *Oh ja, ich mache das definitiv für andere!* Als ich mit dem Rasieren aufgehört habe, habe ich mich zuerst ziemlich unwohl gefühlt. Aber im gleichen Sommer bin ich zu einer LGBTQ+-Konferenz gefahren, und da saß ich dann mit anderen Teilnehmenden in einem Hotelzimmer – lauter queeren Frauen, die alle extrem locker mit dem Thema Körperbehaarung umgingen. Was eigentlich total logisch ist, immerhin wachsen diese Haare völlig natürlich auf menschlichen Körpern. Trotzdem musste ich erst mal andere Leute aus meiner Community treffen, die sich schon gefunden hatten, um selbstbewusster zu werden.

Zu der Zeit habe ich mich als sehr feminin identifiziert, als queere *Femme*-Frau. Ich hatte gewisse Vorstellungen von Weiblichkeit, und Körperbehaarung war eine dieser Sachen, von denen die Gesellschaft behauptet, sie wären nicht feminin – sie passte also vermeintlich nicht zu dieser Identität und ihrer Ästhetik. Die Gegenwart von queeren und gender-nonkonformen Menschen, die ganz offen mit der Bedeutung von Männlichkeit und Weiblichkeit gespielt und mir so gezeigt haben, dass ich beides für mich selbst definieren kann, war für mich unheimlich unterstützend und befreiend.

Ich möchte an dieser Stelle betonen, dass das natürlich alles meine persönliche Sichtweise (als weiße queere cis Frau) ist. Deine eigene Beziehung zu deinen Haaren – sowohl am Körper als auch auf dem Kopf –, zu Stil und allgemeinem Ausdruck von Persönlichkeit kann auch von anderen Aspekten deiner Identität geprägt sein. Vielleicht machst du durch den Körper, in dem du steckst, völlig andere Erfahrungen, unterliegst anderen sozialen Zwängen, hast andere Gefühle zu Weiblichkeit oder eine andere Selbstwahrnehmung.

Auch wenn du noch nicht so richtig bereit für dein Coming-out bist, kann dir die Verwendung von Symbolen aus der Community Selbstvertrauen schenken (wenn du zum Beispiel die Farben der Flagge trägst, die für deine Identität entworfen wurde). Manche Menschen empfinden es als befreiend und aufregend, ihre Identität offen zu zeigen – sich zum Beispiel eine Frisur schneiden zu lassen, die deutlich geschlechtsneutral oder „-untypisch" gelesen wird. Andere fühlen sich ohne Typveränderung wohler. Wenn du queer bist, bist du queer genug, egal wie du dich nach außen präsentierst.

Du brauchst dich nicht auf eine besondere Art auszudrücken, um in der queeren Gemeinschaft und in queeren Räumen akzeptiert zu werden. Hab also nicht das Gefühl, du müsstest dich verändern, nur weil du glaubst, als queere Person bestimmte Erwartungen erfüllen zu müssen.

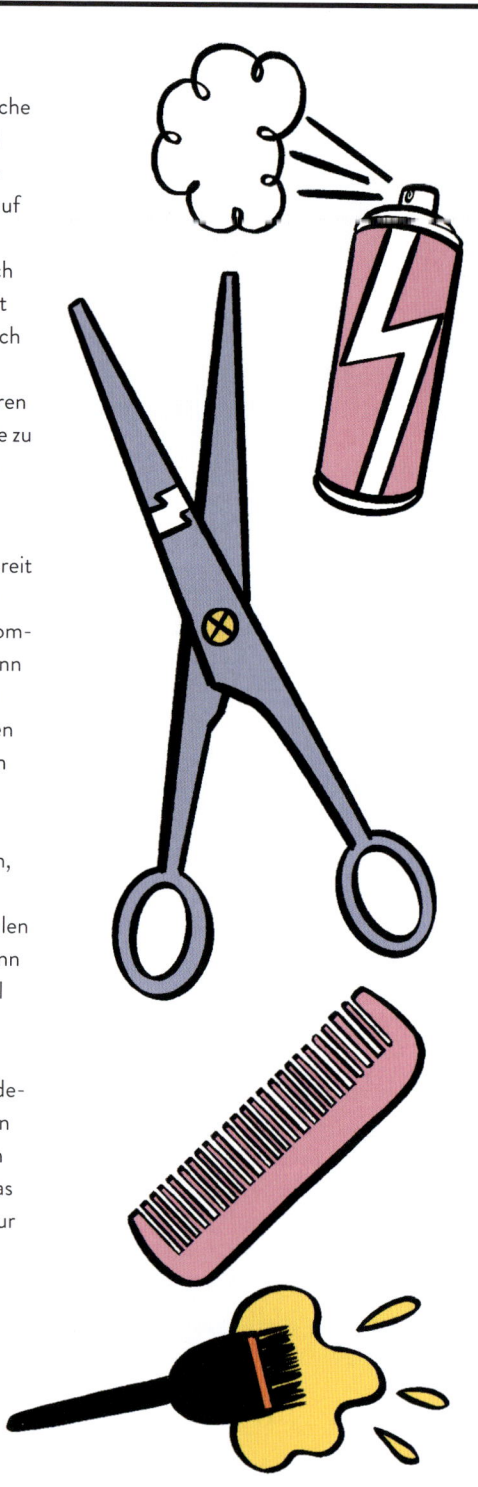

KAPITEL VIERZEHN
REPRÄSENTATION

Ich glaube fest daran, dass Repräsentation eines der mächtigsten Werkzeuge ist, um zum einen zu verändern, wie die Gesellschaft LGBTQ+-Menschen wahrnimmt, und zum anderen (und noch wichtiger), queere Menschen selbst zu empowern. Wenn sie gut gemacht sind, können Filme und Bücher, die sich mit queerem Leben beschäftigen, ein Fenster zu unseren Erfahrungen öffnen. Mehr Repräsentation heißt mehr offene Fenster, die uns Einblicke in die komplexen und unterschiedlichen Lebensrealitäten anderer Mitglieder unserer Community gewähren. Wenn mehr echte LGBTQ+-Vorbilder in der Öffentlichkeit – von der Musikbranche bis zum Sport – zu sehen sind, kann das dazu führen, dass wir überdenken, was queere Menschen tun „können" oder „dürfen".

Wenn aber ein Großteil der Inhalte über queere Frauen in den Main-stream-Medien nicht von queeren Frauen selbst produziert wird, kann das zur Folge haben, dass viele unauthentische oder sogar schädliche Tropes gezeigt werden. Auch wenn das nicht immer der Fall ist – es kann schon frustrieren, wenn du eigentlich etwas angucken möchtest, dass sich für dich echt anfühlt, am Ende aber nur die Augen verdrehst und den Fernseher ausschalten willst. Ein Trope, der mich immer wieder lange und gequält aufseufzen lässt, nennt sich „Bury your Gays". Das ist ein bekanntes Motiv in Film und Fernsehen, das sich darauf bezieht, dass queere Charaktere schneller und häufiger sterben als hetero Charaktere. Oft wird es eingesetzt, um die Motivation der hetero Figuren zu erklären oder deren Handlung voranzutreiben. Sehr verbreitet ist auch, dass cis Männer trans* Frauen spielen, was die gefährliche und falsche Vorstellung mancher Menschen verstärkt, trans* Frauen wären bloß „Männer in Frauenkleidern". Zum Glück gibt es aber auch ein paar großartige Filme da draußen, die queere Frauen in den Fokus rücken.

DIE TOP TEN SAPPHISCHER KULTFILME (MEINE PERSÖNLICHE AUSWAHL)

Weil ich ein Mädchen bin

San Junipero (3. Staffel **Black Mirror**)

Summerland

Saving Face – Es ist niemals zu spät, sich zum ersten Mal zu verlieben

Princes Cyd
(OmU: Englisch mit deutschen Untertiteln)

Booksmart

Alice Junior
(OmU: Brasilianisches Portugiesisch mit Untertiteln auf Englisch, Spanisch, Portugiesisch)

The Watermelon Woman
(nur Englisch)

Yes or No
(OmU: Thai mit englischen Untertiteln)

Margarita with a Straw
(OmU: Englisch mit deutschen Untertiteln)

DENK DRAN, DIE ALTERSFREIGABE DIESER FILME ZU PRÜFEN.

Es sind nicht nur Mainstream-Produktionen oder Superstars, die uns Repräsentation schenken. Seit Jahrzehnten schaffen queere Frauen innerhalb ihrer Communitys ihre eigene Art der Repräsentation, vor Ort und online. Von Fanfiction über DIY-Filme bis hin zu Zines (Magazinen in kleiner Auflage) – alle Medien sind schon von queeren Frauen genutzt worden, um ihre Sexualität, ihr Gender und andere Identitäten zu beschreiben und zu erforschen. Diese kreativen „Low-Budget-Produktionen" haben den Vorteil, dass sie nicht von irgendwelchen namhaften Produzent*innen abgesegnet werden müssen, die in den meisten Fällen weiße cis hetero Männer und hauptsächlich auf Profit aus sind.

Stattdessen können sie direkt aus den Köpfen von dir und deinen Freund*innen zum Leben erwachen. Ein kurzes TikTok-Video von deinem ersten CSD kann zum Beispiel schon ein Stück Repräsentation sein. Du streust es wie Glitzer in die Welt hinaus, wo es vielleicht den Weg zu einer anderen queeren Person findet, der es gerade hilft, diesen Moment voller Hoffnung zu sehen.

Wenn du also ein bisschen Glitzer in Gestalt eines Films oder Webcomics oder Instagram-Accounts entdeckst – verteil ihn da draußen!

YASSS ZINE!

GENDER

Während ich dabei war, mein Gender zu erkunden, habe ich oft auf Situationen zurückgeblickt, in denen ich mich nicht wohl damit gefühlt habe, mich feminin zu präsentieren, und auf die Gründe dafür. War das, weil ich nicht cisgender war? Oder war es Internalisierte Misogynie? Irgendwann habe ich für mich die Identität *nicht-binär* und *genderfluid* gefunden, weil sich das am authentischsten und ehrlichsten anfühlte. Diejenigen, die das gleiche Gefühl von Genderfluidität mit Tendenz zur Weiblichkeit empfinden, haben alle ihre eigene Sprache dafür. Ich kann nur versuchen zu vermitteln, wie es in mir selbst aussieht. Manchmal spreche ich in meinem Kopf von mir selbst als „Teilzeit-Frau" – ich probiere, so viel wie möglich mit Sprache herumzuspielen. So nach dem Motto: Ich bin Mitglied in diesem Club, aber nicht *nur* in diesem Club. Ich fliege wie ein Schmetterling von Blume zu Blume auf der großen Genderwiese.

BEHINDERUNG

Mir tat ständig alles weh, und ich dachte, das wäre Teil des Menschseins – alle hätten auf diese Art Schmerzen, und ich wäre einfach nicht stark genug, um damit klarzukommen. Dann bekam ich meine Diagnose: Ehlers-Danlos-Syndrom (EDS), und es war eine Art zweites Coming-out – auch das ist ein Teil von mir. Ich habe eine dauerhafte Behinderung, die vielleicht noch weiter fortschreiten wird. Durch mein EDS habe ich überempfindliche Gelenke und es fällt mir schwer, lange aufrecht zu stehen. Aus diesem Grund (und anderen) nutze ich manchmal einen Gehstock für kurze Strecken oder einen Elektro-Rollstuhl, wenn ich längere Zeit gehen oder stehen muss. Bei meinem Aktivismus geht es meist um Repräsentation und Bildung rund um die temporäre Nutzung von Rollstühlen (wenn man also teilweise gehfähig ist). Schon oft folgten darauf Online-Kommentare wie „Ich hatte ja keine Ahnung" oder „Darüber habe ich noch nie nachgedacht". Solche Antworten tun weh, aber ich weiß: Wenn diese Leute in Zukunft mitkriegen, dass eine Person aus einem Rollstuhl aussteigen und laufen kann, werden sie sie nicht mehr behelligen. Vielleicht stehen sie ihr sogar bei, wenn jemand anders so reagiert wie sie selbst früher. Klar, das mag alles nur auf individueller Ebene stattfinden, aber für mich ist es ein Zeichen für die Wirksamkeit von Repräsentation und die Veränderung, die sie in Gang setzen kann.

COMMUNITY, INTERNET UND BEHINDERUNG

Als junger Mensch in Miami habe ich nach meinem Coming-out relativ problemlos Freund*innen gefunden und konnte einer lokalen lesbischen Community beitreten. Mein Sozialleben war erfüllt von fröhlichen Partys und politischen Treffen. Aber als meine Behinderungen mit der Zeit zunahmen, verlor ich den persönlichen Kontakt zu meinen Communitys, weil Veranstaltungen für mich als chronisch erkranke*r Rollstuhlnutzer*in nicht mehr zugänglich waren. Nachdem sich dadurch allmählich ein Gefühl der Isolation breitgemacht hatte, gab mir die Community von Menschen mit Behinderung auf Social Media das Zugehörigkeitsgefühl zurück. Durch meinen Aktivismus gerate ich im Internet immer wieder in Diskussionen mit Fremden, aber ich

habe dort auch enge Freund*innen gefunden, mit denen ich eine Menge gemeinsam habe und vieles teilen kann.

DATING & BEZIEHUNGEN

Eine der kniffligen Sachen am Online-Dating mit Behinderung ist das „Coming-out" – wann genau erzählst du jemandem von deiner Behinderung? Schreibst du das direkt ins Profil oder in deine ersten Nachrichten? Oder teilst du es nach dem ersten Date mit? Da werden alle ihren eigenen Weg finden. Ich persönlich habe mit meinem Profil experimentiert und versucht, möglichst viele authentische Fotos einzubauen: aufrecht stehend, mit Stock und mit Rollstuhl. Und dabei habe ich Ableismus-Erfahrungen gemacht wie „Du brauchst jemand Verantwortungsvolleres als mich, der sich um dich kümmern kann". Als müsste die Person mich bei einem Date babysitten! Aber ich habe auch Leute kennengelernt, die deutlich entspannter waren. Einer Person habe ich vor unserem Treffen nicht von meiner Behinderung erzählt. Ich kam mit meinem Stock an, und sie hat nichts dazu gesagt. Irgendwann habe ich selbst das Gespräch darauf gelenkt und gefragt, ob sie was darüber wissen möchte. Und ihre Antwort war: „Ich meine, klar, wenn du magst, erzähl mir davon, aber du musst nicht." Das fand ich richtig cool. Für sie war das einfach kein großes Ding. Und zwar nicht aus Desinteresse, überhaupt nicht - in dem Moment gab es bloß Wichtigeres für uns beide.

REPRÄSENTATION

Als Kind habe ich die Möglichkeit, queer zu sein, erst mal gar nicht in Betracht gezogen – inzwischen ist mir aufgegangen, dass das mit fehlender Repräsentation zu tun hatte. In meinem Umfeld oder in den Medien war das schlicht keine Option. Das hat dazu geführt, dass ich später noch stärker das Gefühl hatte, anders zu sein, und einfach nicht wusste, wie ich damit umgehen sollte. Hätte ich mehr Menschen wie mich gesehen – queere, mehrgewichtige Menschen of Colour –, wäre ich mit mir selbst viel mehr im Reinen gewesen. **Ich habe mich selbst ständig in Frage gestellt.** Ist das überhaupt möglich? Sind meine Gefühle echt? Lange Zeit dachte ich, dass man sehr androgyn wirken muss, um sich „nicht-binär" nennen zu dürfen – und ich werde kein bisschen androgyn gelesen –, also hatte ich Angst, dass Leute mich deshalb nicht akzeptieren würden. Als ich den Film *Mosquita und Mari* angeschaut habe, habe ich mich zum allerersten Mal in einer anderen Person wiedererkannt, und es hat mich zum Weinen gebracht. Zu dem Zeitpunkt war ich schon erwachsen – während meiner Jugend ist mir kein einziges Mal eine solche Figur begegnet. <u>Repräsentation gibt dir das Gefühl, dass deine Existenz möglich ist.</u>

Ich hasse, wie kitschig das klingt, aber: Wenn du dich mit deinen Erfahrungen allein fühlst, hoffe ich, du erkennst beim Blick in dieses Buch, dass da draußen eine Gemeinschaft von Leuten existiert, denen du am Herzen liegst. Es wird Menschen geben, die dir Zuneigung und Respekt entgegenbringen, auch wenn sie jetzt vielleicht noch nicht Teil deines Lebens sind.

KAPITEL FÜNFZEHN
AKTIVISMUS FÜR ANFÄNGER*INNEN

Es ging hier im Buch schon um Herausforderungen, die dir oder deinen Freund*innen begegnen können, wie zum Beispiel Mobbing, Struggles mit der mentalen Gesundheit oder Sexismus. Dabei habe ich versucht, Möglichkeiten aufzuzeigen, wie du damit umgehen kannst – aber gibt es auch Mittel und Wege, so was in größerem Rahmen zu bekämpfen? Tja, im Grunde ist das genau das, was Aktivismus bedeutet: Man erkennt irgendwo auf der Welt ein Problem und versucht, es zusammen mit anderen zu lösen. Im Lauf der Zeit waren immer wieder queere Aktivist*innen und andere engagierte Menschen die treibende Kraft hinter den Veränderungen für unsere Community, ob durch Demos, Politik oder Bildung.

Meine erste Erfahrung mit queerem Aktivismus war in der Schule ... und ich hatte absolut keine Ahnung, was ich da tat. Die Schulcomputer haben damals für uns Schüler*innen den Zugang zu bestimmten Websites blockiert, wenn das System darauf etwas entdeckt hatte, das als „unangemessen" galt. Den Grund, warum der Zugang blockiert war, bekam man zusammen mit einer Fehlermeldung angezeigt: Darstellungen von Nacktheit, Drogen, unflätige Sprache – diese Art von Dingen. Tja, in einer Pause wollte ich auf die Seite der Organisation *Stonewall*, und prompt ploppte eine Meldung auf:

Ich wusste schon, dass Homophobie an meiner Schule ziemlich verbreitet war – ich hatte es ja selbst mitbekommen –, aber etwas an dieser völlig unverblümten Queerfeindlichkeit auf struktureller Ebene hat mich wie ein Blitz getroffen. Ich habe versucht, ein paar andere Seiten aufzurufen, zu LGBTQ+-Organisationen und Hilfsangeboten für junge Menschen. Alle gesperrt. Ein kleiner, optimistischer Teil von mir hatte die Hoffnung, dass es sich hierbei um einen Fehler handelte. Natürlich war es so oder so ein Unding, dass es diese Option in der Sperr-Software überhaupt gab – aber vielleicht hatte die Schule nicht daran gedacht, noch mal zu überprüfen, was da überhaupt blockiert wurde? Auf jeden Fall musste ich etwas unternehmen. Ein paar Freund*innen und ich machten einen Termin mit der Rektorin aus, in der Erwartung, dass sich vielleicht alles ganz einfach lösen lassen würde. Tja ... leider kam es anders.

Uns wurde gesagt, das Ganze sei notwendig für die „Sicherheit" der Schüler*innen – als würde die Sicherheit von LGBTQ+-Schüler*innen nicht zählen –, und das sei „eben so". Wir waren so wütend! Warum checkte sie denn nicht, wie niederschmetternd diese Fehlermeldung auf sensible queere Kids wirken könnte, die nach Rat oder Unterstützung suchten? Das Treffen mit der Person an der Spitze hatte also nichts gebracht, daher beschlossen wir, unsere Mitschüler*innen ins Boot zu holen. In den Pausen sind wir von Klasse zu Klasse gegangen, haben allen erklärt, was los ist, und sie gebeten, eine Petition zu unterschreiben, die wir verfasst hatten. Wir haben sogar das IT-Team gefragt, ob es technisch möglich wäre, „lesbische und schwule Inhalte" aus dem Filter zu entfernen, und es wurde uns bestätigt. Außerdem haben wir Informationen darüber zusammengesucht, wie schädlich Homofeindlichkeit für junge Menschen sein kann. Und dann einen neuen Termin mit der Rektorin vereinbart.

Ich würde dir gern erzählen, dass sich die Arbeit gelohnt hat, die Lehrkräfte ihren Fehler eingesehen und die Richtlinien geändert haben, aber leider ist es so nicht gelaufen. Stattdessen haben sie uns erklärt, nur Schüler*innen über 16 Jahre (mit einer Sondererlaubnis) dürften diese Seiten besuchen. Ach ja, und außerdem sei es Lehrer*innen untersagt, offen als LGBTQ+-Unterstützer*innen aufzutreten – um zu verhindern, dass es zu „unangemessenen Beziehungen" komme.

Es wäre leicht, das als eine Niederlage auf ganzer Linie zu werten. Dieselben Regeln galten nämlich immer noch, als ich meinen Abschluss gemacht habe und auf die Uni gewechselt bin. Ich hatte das Gefühl, wir hätten überhaupt nichts erreicht. Doch das stimmte nicht. Offizielle Richtlinien sind nicht der einzige Weg zu Veränderung. Weil wir offen und laut über LGBTQ+-Rechte gesprochen hatten, haben das auch Schüler*innen mitbekommen, die sonst niemanden kannten, der ihre Identität unterstützte. Wir haben unsere Schule auf die Möglichkeiten einer inklusiven Umgebung vorbereitet. Und vor ein paar Jahren wurde ich tatsächlich eingeladen, um an genau dieser Schule eine Versammlung zum LGBTQ+-History-Month zu leiten. Dabei haben mir die Schüler*innen erzählt, wie viel sie im Unterricht über verschiedene Gender und Sexualitäten lernen.

Also ist es auf jeden Fall möglich, dass dein Aktivismus Veränderung herbeiführt. Ganz egal, ob in großen oder kleinen Schritten, du hast die Macht, das Leben anderer Menschen zu verändern – und es gibt nicht nur einen Weg. Vielleicht bekommst du sofort feuchte Hände beim Gedanken daran, mit einer Autoritätsperson zu sprechen, so wie ich das damals gemacht habe. Die gute Nachricht ist: Es gibt noch so viel mehr Möglichkeiten, um dich für Themen einzusetzen, die dir am Herzen liegen:

ENGAGIERE DICH EHRENAMTLICH BEI EINEM VEREIN ODER EINER GEMEINNÜTZI-GEN ORGANISATION
und leiste z. B. LGBTQ+-Auf-klärungsarbeit an Schulen.

STELL DEIN TALENT IN DEN DIENST EINES GUTEN ZWECKS
und designe z. B. unentgeltlich Social-Media-Grafiken für eine Online-Kampagne.

SAMMLE SPENDEN
für eine Organisation, die sich für etwas einsetzt, das dir wichtig ist.

TEILE KLARE, SERIÖSE INFORMATIONEN,
um mehr Leute für dein Thema zu interessieren.

NIMM AN DEMOS TEIL
– oder an irgendeiner Art Protestaktion, wie Sit-ins oder Walk-outs, also dem demonstrativen Verlassen von Veranstaltungen.

KANDIDIERE FÜR EIN AMT
an deiner Schule, Berufsschule oder Uni, um dazu beizutragen, dass queere Menschen auf politischer Ebene präsent sind.

Wir alle haben unterschiedliche Fähigkeiten und fühlen uns in unterschiedlichen Rollen wohl. Du musst nicht mit einem Megafon in der Hand zu einer großen Menschenmenge sprechen, um die Welt zu verändern.

KAPITEL SECHZEHN

QUEERE LADYS IM WANDEL DER ZEIT

Die Geschichte queerer Frauen lässt sich frustrierenderweise nur sehr schwer rekonstruieren – weshalb es, um ehrlich zu sein, kein Vergnügen war, dieses Kapitel zu schreiben. Queere Männer gehen oft aus den falschen Gründen in die Geschichtsbücher ein – durch Gerichtsakten oder öffentliche Skandale. Denn Beziehungen zwischen Männern waren früher illegal. Queere Liebesbeziehungen von Frauen sind dagegen oft nicht kriminalisiert worden. Das bedeutet: Immer wenn wir eine sapphische Beziehungen finden, behauptet irgendein*e empörte*r Historiker*in, die Frauen wären doch nur „gute Freundinnen™" gewesen.

Queere Frauen gab es schon immer, überall auf der Welt. Der folgende Zeitstrahl bildet nur ein winziges Fragment all unserer Errungenschaften und wichtigen Ereignisse ab. Vielleicht dient er dir ja als Inspiration, Themenfelder, die dich interessieren, einmal durch die queer-historische Brille zu betrachten, ganz egal ob Wissenschaft, Sport, Kunst und Kultur oder Politik.

· GUTE FREUNDINNEN™ ·

Marsha P. Johnson und Sylvia Rivera gründen die Organisation *S.T.A.R.* (Street Transvestite Action Revolutionaries) für wohnungslose und besonders schutzbedürftige Mitglieder der Community.

Schweden erlaubt als erstes Land der Welt trans* Menschen, offiziell ihr Gender ändern zu lassen. Die Regierung bietet außerdem freie Hormontherapie als Teil dieses politischen Kurses an.

1970

1972

In London findet die erste Pride-Parade statt, an der etwa 2000 Menschen teilnehmen.

Lisa Orlando verfasst *The Asexual Manifesto* (*Das asexuelle Manifest*), das von den New York Radical Feminists verlegt und in feministischen Kreisen verbreitet wird.

Mitglieder einer kleinen Gruppe, die als *Subarashii onna-tachi* oder *Wunderbare Frauen* bekannt sind, gehören zu den ersten Frauen in Japan, die sich öffentlich als lesbisch identifizieren. Sie setzen einen Trend unter queeren Frauen, eigene kleine Magazine oder Pamphlete zu veröffentlichen, der sich auch in den folgenden Jahren hält.

1974   1975

Eine Quäkergruppe hält das erste Treffen rund um Bisexualität ab. Über 130 Menschen nehmen teil. Sie geben das heraus, was als die erste öffentliche Erklärung der bisexuellen Bewegung gilt, das *Ithaca Statement on Bisexuality*.

Angela Morley wird als erste offen transgender lebende Person für einen Oscar nominiert (in der Kategorie „Beste Filmmusik" für *Der kleine Prinz*).

Unter dem Motto „Becoming Visible" findet in San Francisco die erste Konferenz afroameri- kanischer Lesben statt.

Sally Ride ist die erste LGBTQ+-Person im All (auch wenn das erst 2012 durch einen Nachruf auf sie öffentlich wurde, in dem stand, dass sie fast 30 Jahre mit ihrer Partnerin Tam O'Shaughnessy zusammen war).

1980 1981 1983

Die Tennisspielerin Billie Jean King ist die erste berühmte Sportlerin, die sich als lesbisch outet.

Während des britischen Bergarbeiterstreiks gründen Lesben und Schwule zur Unterstützung der Arbeiter*innen die Vereinigung *Lesbians and Gays support the Miners*.

* offizieller Slogan, „Kohle statt Arbeitslosengeld"

1984   **1988**

In den USA wird die erste bisexuelle politische Organisation *BiPOL* gegründet.

Einführung von *Section 28* (auch *Clause 28*) im UK. Es verbietet Schulen und Behörden auf kommunaler Ebene die „Förderung [...] der Akzeptanz von Homosexualität als vermeintlich familiäre Beziehung".

Die Weltgesundheitsorganisation (WHO) entfernt Homosexualität aus der Liste psychischer Erkrankungen.

Als erstes Land weltweit verbietet Südafrika in seiner Verfassung explizit Diskriminierung aufgrund sexueller Orientierung.

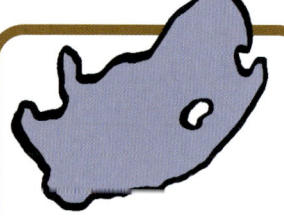

In Kolkata (früher: Kalkutta) wird die Organisation *Sappho* gegründet, um lesbische, bisexuelle und trans* Frauen zu unterstützen. Es ist die erste Vereinigung dieser Art in Indien.

1992   1996   1999

20.000 Frauen laufen beim ersten *Dyke March* in Washington, D. C. mit.

In den USA wird der *Trans Day of Remembrance* eingeführt, um den Menschen zu gedenken, die durch Transfeindlichkeit gestorben sind. Heute wird der Tag weltweit als Gedenktag zelebriert.

Als erstes Land überhaupt führen die Niederlande die gleichgeschlechtliche Ehe ein.

Die erste Pride-Parade der chinesisch-sprachigen Welt findet mit über 1000 Teilnehmenden in Taiwan statt.

2001

2002

2003

In New York wird der *Sexual Orientation Non-Discrimination Act* verabschiedet, das erste Gesetz, das offiziell Asexualität erwähnt.

In der Türkei wird die erste Pride-Parade eines mehrheitlich muslimischen Landes veranstaltet.

Als erstes asiatisches Land nimmt Nepal explizit den Schutz lesbischer, schwuler, bisexueller und transgender Menschen in die Verfassung auf.

Kyrsten Sinema wird als erstes offen bisexuelles Mitglied in den US-Senat gewählt.

2015   **2017**   **2018**

In Ghana findet das erste LGBT-inklusive religiöse Treffen Westafrikas statt.

Taiwan führt die gleichgeschlechtliche Ehe ein und ist damit Vorreiter in Asien.

Yasmin Benoit wird als erste offen asexuelle Frau auf dem Cover eines UK-Magazins abgebildet, und zwar auf einer Ausgabe der *Attitude* mit dem Titel *The Activists.*

Stephanie Byers, Mitglied der Chickasaw Nation, wird als erste trans* Native American in den USA in ein politisches Amt gewählt.

2019

2020

Arktis und Antarktis feiern den ersten Polar Pride Day.

FÜNF QUEERE FRAUEN AUS ALLER WELT, DIE DU KENNEN SOLLTEST

KASHA JACQUELINE NABAGESERA ist einfach unglaublich. Schon als Teenager hat die Aktivistin in Uganda für LGBTQ+-Rechte gekämpft. Zusammen mit David Kato hat sie erfolgreich die ugandische Zeitschrift *Rolling Stone* (nicht zu verwechseln mit dem Musikmagazin) verklagt, die unter der Überschrift „Hängt sie auf" die Namen homosexueller Menschen veröffentlicht hatte. Außerdem hat sie 2010 Ugandas erste LGBTQ+-Bar eröffnet, *Sappho Islands*. Für ihren Einsatz für die Rechte queerer Menschen in ihrem Land hat sie eine Reihe von Preisen bekommen, darunter den Internationalen Nürnberger Menschenrechtspreis.

FRIDA KAHLO war eine bisexuelle mexikanische Künstlerin, deren Bilder – meist Selbstporträts oder Gemälde mit biografischen Elementen – sowohl von indigenen als auch von kolonialen Einflüssen inspiriert waren. Breiten Teilen der Öffentlichkeit ist sie bloß als „die Malerin mit der Monobraue" bekannt, aber das ist nur die Schneeflocke auf der Spitze ihres Eisbergs. Vor ein paar Jahren habe ich mal eines ihrer Häuser besichtigt, in dem ihre Kleidung ausgestellt wurde. Die Beinschienen und Korsetts rückten ihre Behinderung und ihre chronischen Schmerzen ins Rampenlicht, genau wie ihre Methoden, ihren Zustand mit diesen Hilfsmitteln gleichzeitig zu verschleiern und erträglicher zu machen.

AKKAI PADMASHALI ist eine Menschenrechtsaktivistin aus Indien. Sie setzt sich gegen die Stigmatisierung und für die Gleichbehandlung von trans* Menschen ein. Auf ihr Konto gehen eine Reihe von Premieren. Unter anderem war sie die erste trans* Person in Karnataka, die offiziell ihre Ehe eintragen ließ, und die erste trans* Person des gesamten Landes, die einen Führerschein mit ihrem korrekten Gender bekam. Sie hält auf der ganzen Welt Vorträge über die Rechte von LGBTQ+-Menschen und spricht über ihre eigenen Diskriminierungserfahrungen. Außerdem hat sie die NGO *Ondede* gegründet, die Journalist*innen und Sicherheitskräfte zu Genderthemen fortbildet, aber auch Workshops für Mitglieder der LGBTQ+-Community anbietet.

Zum ersten Mal gesehen habe ich **KYLIE KWONG**, als ich auf der Uni war und *Masterchef Australia* geguckt habe. Ich erinnere mich noch, dass ich mich total geärgert habe, noch nie etwas von dieser energischen Profiköchin aus Sidney gehört zu haben. Ihre Kochkunst ist inspiriert von der kantonesischen Küche ihrer Mutter, und sie ist eine Verfechterin von Nachhaltigkeit beim Kochen. Natürlich bewundere ich queere Frauen, deren Lebenswerk sich um den Kampf für LGBTQ+-Rechte dreht, die sich lautstark dafür einsetzen oder Kunst und Literatur zum Thema Queerness schaffen. Aber Kylie wollte ich hier stellvertretend für alle aufnehmen, deren Berufungen überhaupt nichts mit ihrer Sexualität zu tun haben. Denn unsere Queerness ist ja bei Weitem nicht alles, was uns ausmacht.

Vielleicht bin ich ein bisschen voreingenommen, weil meine Wahl einer Person aus Europa ausgerechnet auf eine Britin fällt. Aber wie könnte ich hier irgendwen anders als **LADY PHYLL** (aka. Phyll Opoku-Gyimah) erwähnen? Sie ist Aktivistin, Mitbegründerin der UK Black Pride und eine Menge mehr. Die UK Black Pride fördert die Einheit und das Miteinander aller Schwarzer Menschen aus Afrika, Asien, der Karibik, dem Nahen und Mittleren Osten und Lateinamerika (oder mit entsprechender Migrationsgeschichte), die sich als lesbisch, schwul, bisexuell oder trans* identifizieren – und auch all ihrer Freund*innen und Familienmitglieder. Seit der Gründung 2005 stellt diese Pride einen nicht wegzudenkenden Raum für die Community dar. Begonnen hat alles mit einem Tagesausflug ans Meer und einer kleinen Gruppe des Online-Netzwerks *Black Lesbians in the UK*, heute zieht die Veranstaltung jedes Jahr Tausende Teilnehmende an. Lady Phyll ist die Einzige aus dieser Aufzählung, mit der ich das Glück hatte, bei einem Event persönlich sprechen zu können. Ihre Energie, ihr Humor und ihre Expertise sind einfach mitreißend.

KAPITEL SIEBZEHN

QUEERE SYMBOLE IM WANDEL DER ZEIT

In der Vergangenheit mussten queere Menschen ihr Begehren meist geheim halten. Viele sehnten sich trotzdem nach dem Kontakt zu Gleichgesinnten. Um die eigene Queerness und damit ein sicheres Umfeld gegenüber anderen anzudeuten, wurden geheime Slang-Ausdrücke, Zeichen und Codes genutzt. Auch heute noch werden Symbole wie das rosafarbene Dreieck – als „Rosa Winkel" von den Nazis verwendet, um queere Männer zu kennzeichnen – von der Community zurückerobert und als Zeichen für queerfreundliche Orte umgedeutet.

Ein LGBTQ+-Symbol, von dem ich zu 99,99 % sicher bin, dass du es kennst, ist die Regenbogenflagge mit den sechs Streifen. Die Idee zu der Flagge stammt aus den 70ern. Damals designte der Künstler Gilbert Baker eine Flagge mit ursprünglich acht Streifen – es waren noch Pink und Türkis dabei. Mit der Zeit haben sich die sechs Streifen durchgesetzt und die Flagge wurde zu dem Symbol, das wir noch heute nutzen. Jede Farbe hat eine eigene Bedeutung für die LGBTQ+-Community:

ROT FÜR DAS LEBEN

ORANGE FÜR HEILUNG

GELB FÜR SONNENLICHT

GRÜN FÜR DIE NATUR

BLAU FÜR HARMONIE
ODER FRIEDEN

LILA FÜR SPIRITUALITÄT

> **Der Überbegriff „queeres Mädchen" umfasst eine Menge Identitäten, die für dich infrage kommen könnten – und jede von ihnen hat wahrscheinlich ihre eigenen Symbole und Flaggen:**

PROGRESS-FLAGGE

Dieses Design von Daniel Quasar kombiniert die sechs Streifen der traditionellen Regenbogenflagge mit der trans* Flagge sowie braunen und schwarzen Streifen, um Menschen of Colour und „jene, die mit Aids leben ... und jene, die an die Krankheit verloren wurden" zu repräsentieren.

BISEXUELL

Diese Flagge wurde 1998 von Michael Page gestaltet. Sie ist von einem bereits existierenden Symbol für Bisexualität inspiriert, den „Biangels", zwei sich überlappenden Dreiecken in Rosa und Dunkelblau.

AROMANTISCH

Die neueste Version der aro Flagge wurde von Cameron (@cameronwhimsy) auf Tumblr designt. Die Streifen symbolisieren das aromantische Spektrum, platonische Beziehungen und die verschiedenen Beziehungen, die aro Menschen vielleicht zu sexueller Anziehung haben.

LESBISCH

Es gibt mehrere lesbische Flaggen, aber das hier ist die, die ich nutze. Sie wurde erst 2018 kreiert und bezieht sowohl trans* Lesben als auch alle anderen Menschen des Gender-Spektrums mit ein, die sich als lesbisch identifizieren.

ASEXUELL

Im Gegensatz zu den anderen Flaggen hat die ace Flagge nicht nur eine*n Designer*in, sondern wurde durch Online-Diskussionen und Abstimmungen kreiert, damit die Community selbst sich dadurch reflektiert fühlen kann.

PANSEXUELL

Um 2010 online vom Tumblr-Nutzer Jasper geschaffen. Das Rosa repräsentiert hier feminine Menschen, das Blau maskuline und das Gelb alle dazwischen.

TRANS*

Diese Flagge wurde 1999 von Monica Helms
gestaltet, die dazu meinte: „Hellblau ist die
traditionelle Farbe für kleine Jungen, Pink für
Mädchen und das Weiß in der Mitte ist für
diejenigen, die gerade transitionieren, inter* sind,
ein neutrales oder gar kein Gender haben."

VEILCHEN

Durch die Verse der lesbischen Dichterin
Sappho – insbesondere der Beschreibung von ihr
und einer*einem Liebhaber*in mit Veilchenkrän-
zen – wurde diese Blume zu einem Symbol für
queere Frauen. In den 1920er-Jahren tauchten in
dem Theaterstück *La Prisonnière* (*Die Gefange-
ne*) ebenfalls zwei Figuren Veilchen als Symbol
lesbischer Liebe aus. In Paris trugen queere Frauen
diese Blumen, um ihre Unterstützung für das Stück
auszudrücken.

LABRYS

Die Doppelaxt wurde von antiken Kulturen genutzt
und gilt unter anderem als Symbol für Amazonen
und weibliche Gottheiten. In den 70ern wurde sie
als Zeichen von Stärke und Empowerment von
feministischen lesbischen Communitys übernom-
men. Um 1999 wurde das Symbol dann von dem
schwulen Mann Sean Campbell für das Design der
ursprünglichen lesbischen Flagge wiederverwendet.

DOPPELTES VENUSSYMBOL

Auch das doppelte Venussymbol erlangte in
den 70ern größere Bekanntheit. Es zeigt zwei
ineinander verschränkte astronomische Zeichen
für den Planeten Venus, die als Symbol für das
weibliche Geschlecht gelten.

Das ist keine vollständige Liste, noch dazu basiert sie auf den Symbolen, die dort verwendet
werden, wo ich lebe, nämlich in Großbritannien. Vielleicht findest du da, wo du lebst, andere
Zeichen, die eine queere Geschichte haben. Weil unsere Community wächst und sich
weiterentwickelt, können außerdem jederzeit neue Symbole, Bilder und Flaggen entstehen.

KAPITEL ACHTZEHN

PRIDE

Stonewall was a riot (*Stonewall war ein Aufstand*). Vielleicht hast du diesen Satz schon mal gehört – er nimmt Bezug auf das Ereignis, das als Ausgangspunkt der Lesben- und Schwulenbewegung gilt. Auch vorher gab es schon LGBTQ+-Aktivist*innen und -proteste, aber in den frühen Morgenstunden des 28. Juni 1969 kochten die Spannungen vor einer Bar in der New Yorker Christopher Street hoch und mündeten in einen handfesten Aufstand. Razzien der Polizei waren im *Stonewall Inn* nichts Neues, aber dieses Mal war irgendetwas anders. Uns queeren Menschen heute wäre echt geholfen, wenn die Leute damals schon ein Bewusstsein für die Tragweite dieses Ereignisses gehabt hätten. Vielleicht gäbe es dann mehr Fotos, Aufnahmen von Reporter*innen vor Ort oder sogar ein Statement der Organisator*innen. Stattdessen müssen wir mit einer Collage aus Aufzeichnungsschnipseln vorliebnehmen. Sie dokumentieren den spontanen und berechtigten Wutausbruch einer Gruppe von Menschen, die ihre Diskriminierung nicht länger hinnehmen wollte. In den Tagen, die folgten, gingen einige beteiligte Persönlichkeiten in die Geschichte ein, darunter Stormé DeLarverie, Sylvia Rivera und Marsha P. Johnson.

DIE PROTESTE DAUERTEN
MEHRERE TAGE. Befeuert wurden sie durch

Berichte in zeitgenössischen queeren Zeitungen, die
neue Massen von Demonstrierenden zur Unterstützung mobilisierten. Und sie hatten weitreichende
Folgen für unsere Community, unter anderem die
Gründung zahlreicher LGBTQ+-Organisationen
auf der ganzen Welt und den jährlichen Pride-
March, der im Jahr drauf in vielen Städten weltweit
zum ersten Mal begangen wurde. Es kamen weitere
Feierlichkeiten hinzu, von Veranstaltungen für mehr
Sichtbarkeit bis hin zu Gedenktagen. Gelegen-
heiten, zu denen wir als Community zusammen-
kommen können, um unsere Vergangenheit und
unsere Gegenwart zu würdigen.

Ursprünglich war die Pride – oder bei uns der
CSD – also eine Demo. Aber heutzutage gibt es
in vielen Städten zusätzlich zur Parade mehrere
Wochen oder einen ganzen Monat lang Veranstaltungen. Wenn du in oder in der Nähe einer dieser
Städte lebst, kannst du dich auf folgende Dinge
freuen:

* das Hauptevent, die Parade
* Partys und Abendveranstaltungen
* informative Podiumsdiskussionen/Talkrunden
* Community-Workshops
* Möglichkeiten, dich ehrenamtlich
  einzubringen

Du musst nicht mal am offiziellen Programm
teilnehmen – ich hab schon während ein paar Prides
einfach mit meinen queeren Freund*innen bei
Sonnenschein im Park gesessen und gepicknickt.
Und wenn du noch keine anderen queeren
Menschen kennst, kannst du den CSD auf jeden
Fall auch allein besuchen – wer weiß, vielleicht
findest du ein paar neue queere Freund*innen! Falls
du aber nicht allein gehen möchtest, sind unsere
Allys, also Unterstützer*innen (Freund*innen,
Familie oder Partner*innen), immer willkommen!

Pride ist, was du draus machst. Für manche zählen Trinken und Tanzen dazu, um die Community und ihre Errungenschaften zu feiern. Für andere geht es mehr um Protest und Aktivismus, um den Blick nach vorn und darauf, wofür wir noch alles kämpfen müssen.

Für mich selbst ist die Pride meistens eine Mischung aus beidem.

ICH HABE WIRKLICH GLÜCK, dass ich schon fast mein ganzes Leben lang in London wohne, einer Stadt, in der es immer eine riesige Pride-Parade und ein vielfältiges Programm drumherum gibt. Aber ich weiß, dass viele von euch, die dieses Buch gerade lesen, entweder nicht offen an solchen Veranstaltungen teilnehmen können oder keine in der Nähe haben. Das heißt aber nicht, dass ihr auf die ganze Pride-Erfahrung verzichten müsst.

* Such nach Pride-Events, die online stattfinden: Oft gibt es in den Sommermonaten kostenlose digitale Panels, Meet-ups und Diskussionen, an denen man von überall in der Welt aus teilnehmen kann.

* Stell dir dein persönliches Pride-Programm für zu Hause zusammen: Du könntest etwas über queere Geschichte lesen, queere Filme gucken, eine Playlist mit lauter queeren Künstler*innen hören, LGBTQ+-Organisationen mit Zeit oder Spenden unterstützen oder deine Wohnung in Regenbogenfarben dekorieren!

* Triff dich mit Freund*innen, die dich unterstützen: Nur weil du nicht zu einem der großen CSDs fährst, heißt das nicht, dass du keine Zeit mit deiner eigenen Community verbringen kannst (egal ob persönlich oder online).

Es gibt noch keine Veranstaltung zum Pride-Month in deiner Gegend, aber du hättest Lust, was auf die Beine zu stellen? Mach das auf jeden Fall! Ich habe selbst kleinere Pride-Events an meiner Uni mitorganisiert. Es hat unheimlich Spaß gemacht, fröhliche Räume für andere junge queere Menschen zu schaffen, in denen sie Unterstützung erfahren können. Du musst ja nicht gleich eine riesige Parade aus dem Boden stampfen – das wäre definitiv zu viel für ein queeres Girl allein –, aber wie wär's mit einem lockeren Treffen für queere Schüler*innen aus deiner Gegend? Oder du könntest queere Autor*innen einladen, die du bewunderst. Beides wäre ein toller Start, um eine kleine Community für zukünftige Events zusammenzutrommeln.

KAPITEL NEUNZEHN

DAS TOLLE AM QUEERSEIN

So langsam erreichen wir das Ende dieses Buches. Hinter uns liegt eine kleine Turbo-Tour durch Themen wie queere Geschichte, Repräsentation und gemeinsame Erfahrungen. Aber das wichtigste Kapitel von allen habe ich mir für den Schluss aufgespart. Zu viele Leute und Ereignisse im Leben von LGBTQ+-Menschen erzählen von den negativen Dingen, die es mit sich bringt, wir zu sein. Sie erzählen von Angst, Leid, Einsamkeit und Verlust. Niemals würde ich leugnen, dass Menschen in unserer Community all das durchmachen. Dennoch halte ich es für unglaublich wichtig, dass wir auch darüber sprechen, was für eine tolle und wunderschöne Erfahrung es ist, queer zu sein.

Wenn du anfängst, dich mit der Geschichte von LGBTQ+-Menschen zu beschäftigen, kommt es dir wahrscheinlich so vor, als wäre sie eine einzige Tragödie. Aber gleichzeitig ist da eine versteckte Vergangenheit voller Gemeinschaft. Da ist eine Familie, zu der auch du gehörst. Die besten queeren Wahlfamilien sind geprägt von Verständnis und Zugehörigkeit, frei von Verurteilung. Sie bescheren dir Freund*innen, mit denen du ganz du selbst sein kannst, die deine Einzigartigkeit feiern, statt auf sie herabzublicken.

Uns gibt es schon, seit es Menschen gibt. Wir teilen eine reiche, bunte Geschichte und Kultur – und sie wird ständig erweitert, rund um den Globus. Es gibt inspirierende LGBTQ+-Persönlichkeiten mit allen möglichen Hintergründen. Doch unabhängig von unseren Errungenschaften sind wir alle wertvoll.

Der erste Schritt auf deinem Weg, herauszufinden, wer du bist, wirkt vielleicht beängstigend. Aber dir steht eine Selbstfindungsreise bevor, die sehr viele Menschen so niemals erleben werden. Du wirst anfangen, dich selbst richtig kennenzulernen, wirst in der Gesellschaft vorherrschende Vorstellungen und Annahmen hinterfragen und zu einer Person werden, die sich authentisch fühlt und verhält. In der Resilienz und Verletzlichkeit, die es braucht, um dein Leben offen und frei zu leben, liegt eine große Kraft.

Du hast ein grandioses Leben vor dir, voller queerer Glücksmomente – also geh da raus und leb es!

DENKANSTÖSSE

Fallen dir in deinem Alltag Beispiele für Genderstereotype auf?

 Was fühlst du, wenn es um dein Gender geht? Ist das überhaupt ein Thema für dich?

Wie stehst du zu Weiblichkeit oder der Vorstellung, als weiblich wahrgenommen zu werden?

 Wie stehst du zu Männlichkeit oder der Vorstellung, als männlich wahrgenommen zu werden?

Wie groß ist deiner Meinung nach die Rolle, die Cis-Normativität in den Medien spielt?

Hat Zwangsheterosexualität dein Leben beeinflusst? Wenn ja, wie?

Wurde schon mal etwas Persönliches von dir öffentlich gemacht, bevor du selbst bereit dafür warst? Wie hast du dich dabei gefühlt?

Was macht für dich einen Safe Space aus?

Wie stehst du zu Androgynie oder der Vorstellung, als androgyn wahrgenommen zu werden?

Wie viel von dem, was du in diesem Buch gelesen hast, hast du in der Schule gelernt?

Was bedeutet Pride für dich?

GLOSSAR

ABLEISMUS
Diskriminierung von Menschen mit Behinderung

ACE
Eine Abkürzung für „asexuell": wenn du dich kaum oder gar nicht sexuell zu anderen hingezogen fühlst

AKTIVISMUS
Engagement, um politischen oder gesellschaftlichen Wandel voranzutreiben

ALLY
Eine Person, die ihre Privilegien dafür nutzt, eine marginalisierte Gruppe zu unterstützen, ohne selbst zu der Gruppe zu gehören

ANDROGYN
Wenn du einen Mix aus Eigenschaften oder Stilen vereinst, die als traditionell männlich und weiblich gelten, oder weder eindeutig weiblich noch eindeutig männlich gelesen wirst

BIFEINDLICHKEIT
(auch: Biphobie)
Eine von Feindlichkeit, Verachtung und Vorurteilen geprägte Einstellung gegenüber bisexuellen Menschen

BINÄRE GESCHLECHTERORDNUNG
Die Vorstellung, dass Menschen nur in eine von zwei gegensätzlichen Gruppen eingeteilt werden können: männlich oder weiblich. Die binäre Geschlechterordnung geht häufig mit dem Weltbild einher, Menschen würden gesellschaftlich konstruierten Ideen von Männlichkeit (wenn sie männlich gelesen werden) oder Weiblichkeit (wenn sie weiblich gelesen werden) entsprechen. Sie lässt kaum Raum für verschiedene Vorstellungen von Gender oder davon, wie wir unser Geschlecht ausdrücken.

BORNIERTHEIT (auch: Engstirnigkeit)
Wenn man sehr einseitig denkt und unbegründete Vorurteile gegen eine oder mehrere Personen hat, nur weil sie zu einer bestimmten Gruppe gehören

CIS
Abkürzung für „cisgender": wenn du dich mit dem Gender identifizierst, das dir bei der Geburt zugewiesen wurde

FETISCH
Wenn jemand in sexueller Hinsicht sehr auf eine bestimmte Sache steht

FETTFEINDLICHKEIT
Eine von Feindlichkeit, Verachtung und Vorurteilen geprägte Einstellung gegenüber Menschen, die sich selbst als fett oder mehrgewichtig bezeichnen

GENDER
Meint die Geschlechtsidentität des Menschen als soziale Kategorie, die nicht mit dem Geschlecht, das einem bei der Geburt zugewiesen wurde, übereinstimmen muss

GENDER-NONKONFORM
Wenn das Verhalten oder die äußere Erscheinung von Menschen gängigen Vorstellungen, Erwartungen und Normen in Bezug auf Gender widerspricht

GESCHLECHTSAUSDRUCK
Die Art, wie wir uns nach außen präsentieren (u. a. durch Klamotten, Frisuren und Verhalten), die eng mit den gesellschaftlichen Vorstellungen von Gender verknüpft sein kann. Deine Geschlechtsidentität muss nicht zwangsläufig dazu „passen", wie du dein Geschlecht zum Ausdruck bringst – du kannst dich zum Beispiel als Mädchen identifizieren und trotzdem Spaß daran haben, dich auf eine Weise auszudrücken, die in der Gesellschaft als „maskulin" gilt.

GESCHLECHTSIDENTITÄT

Drückt aus, mit welchem Gender wir uns identifizieren, wie wir selbst es verstehen und wie wir persönlich es erleben

HETERONORMATIVITÄT

Die Tatsache, dass in unserer Gesellschaft meist automatisch davon ausgegangen wird, alle wären cis und heterosexuell, und die Wahrnehmung von Heterosexualität als einzig „korrekter" Sexualität

INTERNALISIERTE HOMOFEINDLICHKEIT

(auch: Internalisierte Homophobie) Negative Gedanken und Assoziationen, die LGBTQ+-Menschen in Bezug auf ihre eigene Sexualität oder Identität haben können. Wenn Menschen bi oder trans* sind, spricht man auch von internalisierter Bi- oder Transfeindlichkeit.

INTERSEKTIONALITÄT

Die Überschneidung von verschiedenen Diskriminierungsarten gegenüber einer Person je nach den unterschiedlichen Aspekten ihrer sozialen und politischen Identität. Das heißt, ein Mensch kann gleichzeitig von mehreren Formen der Diskriminierung oder sozialer Ungleichheit betroffen sein (z. B. eine Schwarze trans* Frau von Transfeindlichkeit, Misogynie und Rassismus). Geprägt wurde der Begriff von Kimberlé Williams Crenshaw.

KONSENS

gegenseitiges Einverständnis aller Beteiligten

MASTURBATION

Die Stimulation der eigenen Genitalien, um sexuelle Lust zu empfinden

OUTING

Das Öffentlichmachen der sexuellen Orientierung oder der Geschlechtsidentität einer anderen Person ohne ihre Zustimmung

PRIDE/PRIDE-PARADE

Im deutschsprachigen Raum meist CSD (Christopher Street Day). Ein Ereignis, um die LGBTQ+-Community zu feiern

QUEER

Dieses Wort wurde früher als Beleidigung genutzt, ist inzwischen aber von der Community zurückerobert worden und wird als Überbegriff für uns alle verwendet. Menschen nutzen das Label aus ganz unterschiedlichen Gründen, zum Beispiel wenn sie mehrere queere Identitäten in sich vereinen (bspw. gay/lesbisch und asexuell) oder das Gefühl haben, dass keiner der enger definierten Begriffe so richtig zu ihnen passt.

QUESTIONING

So bezeichnen sich einige Menschen, die sich in Bezug auf ihre sexuelle Orientierung und/oder Geschlechtsidentität nicht sicher oder gerade noch auf Entdeckungsreise sind.

SAPPHISCH (auch: sapphic)

Ein Überbegriff für alle Frauen und nicht-binären Personen, die irgendeine Art von Anziehung zu anderen Frauen oder nicht-binären Personen verspüren (u. a. wenn du lesbisch, bi-, pansexuell oder queer bist). Er geht auf die antike Dichterin Sappho zurück, die in ihren Versen die Schönheit von Frauen besang.

SEXUELLE ORIENTIERUNG / IDENTITÄT

Die Identität einer Person in Bezug auf das oder die Gender, zu denen sie sich sexuell hingezogen fühlt

STEREOTYP

Eine weit verbreitete, aber stark vereinfachende, verallgemeinernde (und somit ungerechtfertigte) Vorstellung von einer Person oder Sache; ein klischeehaftes Bild

STIGMATISIERUNG

Wenn Merkmale oder Lebensumstände von Personen gesellschaftlich mit negativen Bewertungen belegt werden, die zu Abwertung und Ausgrenzung führen

STONEWALL / DIE STONEWALL-UNRUHEN

Eine Reihe spontaner Protestaktionen der queeren Community am 28. Juni 1969 als Antwort auf eine Razzia der Polizei im *Stonewall Inn* in der New Yorker *Christopher Street*

TRANSFEINDLICHKEIT

(auch: Transphobie)
Eine von Feindlichkeit, Verachtung und Vorurteilen geprägte Einstellung gegenüber trans* Menschen

TRANSGENDER/TRANS*

Der Begriff wird manchmal spezifisch für Personen benutzt, die zwischen den beiden binären Geschlechtern männlich und weiblich transitionieren. Er kann aber auch als Überbegriff für all diejenigen verwendet werden, deren Geschlechtsidentität nicht zu dem Geschlecht passt, das ihnen bei der Geburt zugewiesen wurde.

TRANSMISOGYNIE

Die Kombination aus Transfeindlichkeit und Misogynie gegenüber trans* Frauen und transfemininen Menschen, die zu spezifischen Diskriminierungserfahrungen führt, die weder cis Frauen noch trans* Männer teilen

TROPE

Ein wiederkehrendes Motiv oder Narrativ in Büchern, Filmen oder Serien, das auf stereotypen Ideen basiert. Ein bekanntes Beispiel ist „Bury your Gays": Queere Figuren sterben früher und häufiger, um die Handlung für die nicht-queeren Figuren voranzutreiben. Weitere Beispiele sind „Der schwule beste Freund" oder „Enemies to Lovers".

UK BLACK PRIDE

Ein Pride-Event der Schwarzen Community, das seit 2005 in London stattfindet und jährlich mehrere Tausend Besucher*innen anzieht. Europas größtes Ereignis, um LGBTQ+-Menschen mit afrikanischer, asiatischer, lateinamerikanischer und karibischer Migrationsgeschichte zu feiern. Auch in den USA gibt es Black-Pride-Organisationen und -Veranstaltungen wie die Atlanta Black Pride und die D. C. Black Pride.

VERHÜTUNG

Der Gebrauch von Hilfsmitteln wie Kondomen, um Schwangerschaften und sexuell übertragbare Krankheiten zu vermeiden

ZWANGSHETEROSEXUALITÄT

Die automatische Annahme, dass Heterosexualität der Standard wäre, die uns von einer patriarchalischen und heteronormativen Gesellschaft übergestülpt wird. Oft wird auch die englische Abkürzung *comphet* (*compulsory heterosexuality*) gebraucht.

ZWANGSSTÖRUNG

Eine Erkrankung, bei der die betroffene Person an ungewollten, anhaltenden oder wiederkehrenden und überwältigenden zwanghaften Gedanken oder Handlungen leidet. Diese Zwänge werden oft von irrationalen Ängsten verursacht, die nicht unterdrückt werden können.

MEHR ZUM THEMA

BÜCHER AUF DEUTSCH:

How to be gay – Alles über Coming-out, Sex, Gender und Liebe von Juno Dawson

Stone Butch Blues – Träume in den erwachenden Morgen von Leslie Feinberg

Sister Outsider: Nicht Unterschiede lähmen uns, sondern Schweigen von Audre Lorde

Queer: Eine illustrierte Geschichte von Jules Scheele und Meg-John Barker

BISHER NUR AUF ENGLISCH ERSCHIENEN:

What's the T? von Juno Dawson

Proud von verschiedenen Autor*innen (zusammengestellt von Juno Dawson)

Hood Feminism: Notes from the Women that White Feminists Forgot von Mikki Kendall

Queerly Autistic: The Ultimate Guide for LGBTQIA+ Teens on the Spectrum von Erin Ekins

Trans Teen Survival Guide von Owl und Fox Fisher

The Times I Knew I Was Gay von Eleanor Crewes

Ace von Angela Chen

The New Queer Conscience von Adam Eli

Free to Be Me: An LGBTQ+ Journal of Love, Pride and Finding Your Inner Rainbow von Dom&Ink

SERIEN UND FILME:

Sex Education (2019)
Ich bin Jazz (2015)
Pride (2014)
Pose (2018)
Boy meets Girl (2014, nur Englisch)
The Miseducation of Cameron Post (2018, nur Englisch)
Nanette (2017, OmU: Englisch mit deutschen Untertiteln)
Der Sex Pakt (2018)
Nur die halbe Geschichte (2020)

Denk dran, die Altersfreigabe der Filme und Serien zu prüfen.

UNTERSTÜTZUNG

DEUTSCHLAND
(oder länderübergreifend)

Jugendnetzwerk Lambda e. V.
Vernetzung und Unterstützung für junge Queers. In Online-Empowermentgruppen oder im Einzel-Support kannst du über alles reden, was dich gerade beschäftigt: Erfahrungen, Fragen, Sorgen, Träume ...
lambda-peersupport.de
Instagram: @lambda.peersupport

Coming-out und so
Beratung per E-Mail oder über die eigens entwickelte Messenger-App (ganz normal im App-Store erhältlich) von jungen ehrenamtlichen queeren Berater*innen. Ein Projekt von COMING OUT DAY e. V.
comingoutundso.de
coming-out-day.de
Auch auf Instagram: @comingoutundso

Regenbogenportal
Informationspool der Bundesregierung zu sexueller und geschlechtlicher Vielfalt vom Bundesministerium für Familie, Senioren, Frauen und Jugend; redaktionell betreut vom Bundesamt für Familie und zivilgesellschaftliche Aufgaben
regenbogenportal.de

Queer-Lexikon
Online-Anlaufstelle zu sexueller, romantischer und geschlechtlicher Vielfalt mit umfangreichem Glossar, Kummerkasten, Regenbogenchat und einer Übersichtskarte zu queeren Jugendgruppen in Deutschland, Österreich und der Schweiz.
queer-lexikon.net
tra-la-card.queer-lexikon.net

Queer Enough
Austausch, Informationen, unbürokratische Hilfe und Beratung von queeren Menschen für queere Menschen.
Das Angebot richtet sich in erster Linie (aber nicht exklusiv) an trans*, nicht-binäre, inter, agender und questioning Personen. Live-Treffen in Frankfurt möglich.queer-enough.com
Messenger: 0174/ 7950974

Nummer gegen Kummer – Das Kinder- und Jugendtelefon
Am Kinder- und Jugendtelefon erhältst du montags bis samstags von 14 bis 20 Uhr eine kostenlose telefonische Beratung von ehrenamtlich tätigen, ausgebildeten Beratenden.
EU: 116 111
nummergegenkummer.de

Broken Rainbow e. V. und gewaltfreileben
Psychosoziale Unterstützung bei Konfliktfällen in der Partner*innenschaft, die in gewalttätigem Verhalten münden können, und community-basierte Beratung für lesbische, bi+, trans*, nicht-binäre und genderqueere Frauen*
broken-rainbow.de
gewaltfreileben.org
Telefon: 069 / 43 00 5233
Krisentelefon: 0151 / 25049749

Bundesverband trans*
Zusammenschluss verschiedener Organisationen auf Bundesebene, die sich für die Rechte von trans* bzw. nicht im binären Geschlechtersystem verorteter Personen einsetzen
bundesverband-trans.de
Spezielle Angebote für Jugendliche (Workshops, Infomaterial etc.): transjaund.de
Oder bei Instagram: @transjaund

Queere Bildung e. V.
Fachverband für Bildungsarbeit zu sexueller, romantischer und geschlechtlicher Vielfalt in Deutschland
queere-bildung.de

Einfach Queer
Aufklärungsseite zu queeren Themen in einfacher Sprache
einfachqueer.wixsite.com/einfach-queer

SCHWEIZ

Die LGBTIQ-Helpline
Anlaufstelle für alle Anliegen zum Leben als lesbische, schwule, bisexuelle, trans*, nicht-binäre, intergeschlechtliche oder queere Person. Peer-to-Peer Beratungsstelle und Meldestelle für LGBTIQ-feindliche Gewalt
www.lgbtiq-helpline.ch

Die Milchjugend
Die größte Jugendorganisation für lesbische, schwule, bi, trans*, inter und asexuelle Jugendliche und für alle dazwischen und außerhalb
milchjugend.ch

Du bist Du
Beratung durch Peer-Berater*innen: Sie sind selbst jung und queer und erzählen in ihrem Profil ihre persönliche Coming-out-Geschichte. Programm von Sexuelle Gesundheit Zürich SeGZ und dem Checkpoint Zürich
du-bist-du.ch/beratung

147.ch – Pro Juventute
Unterstützt junge Menschen bei kleinen oder großen Sorgen, Problemen oder Fragen.
147.ch
Notrufnummer (ohne Vorwahl): 147

ÖSTERREICH

Courage
Kostenlose und anonyme Beratung vor allem für Lesben, Schwule, Bisexuelle, trans* Personen und ihre Angehörigen. Vor Ort in verschiedenen Städten, online oder telefonisch
courage-beratung.at
Telefon: 585 69 66

Rat auf Draht
Kostenlose und anonyme Telefonberatung für Kinder, Jugendliche und deren Bezugspersonen zu allen Themen, die Kinder und Jugendliche betreffen. Auch Chat- und Online-Beratung wird angeboten.
rataufdraht.at
Notrufnummer (ohne Vorwahl): 147

HOSI (Homosexuelle Initiative)
Lesben- und Schwulenverband Österreichs mit Sitz in verschiedenen Städten. Förderung der Community als Ganzes, Stärkung von LGBTIQA*-Personen und Anlaufstelle und Kommunikationszentrum für alle Themen und Menschen unter dem Regenbogen
Wien: hosiwien.at/jugend
Linz: hosilinz.at
Salzburg: hosi.or.at
Tirol: hositirol.at

RosaLila PantherInnen
Die LGBTIQ-Interessenvertretung in der Steiermark. Beratung vor Ort in Graz, telefonisch oder per E-Mail
homo.at
E-Mail: beratung@homo.at
Telefon: 0316 / 36 66 01

DANKSAGUNGEN

ROWAN

Das ist der Teil, in dem ich ein paar Dankeschöns loswerden muss ...

An meine Familie, weil ihr mich und meine queere Identität immer unterstützt habt und das schon, bevor ich überhaupt mein Coming-out hatte. Nichts von all dem hier wäre ohne euch möglich gewesen.

An Annie, Hafsa, Maz, Mikaela und Leonie, für eure klugen Gedanken, eure Geschichten und Ideen, die ihr zu diesem Buch beigetragen habt. Ich hätte mir keine besseren Co-Autor*innen vorstellen können, und ich weiß, dass es da draußen eine Menge Leser*innen gibt, denen eure Worte die Welt bedeuten.

An meine Agentin Tamara Kawar: Deine Begeisterung für dieses Buch und was es erreichen will war ein Traum – und dass wir den gleichen Fanfiction-Geschmack haben, schadet natürlich auch nicht.

An Lucy Menzies und das ganze Team bei meinem Originalverlag Quarto: Ihr habt so perfekt, so genau verstanden, was dieses Buch sein kann, und mich als Baby-Autorin dabei unterstützt, es Wirklichkeit werden zu lassen.

An Jacky Sheridan: Ohne deine Illustrationen, die einen direkt ansprechen und einfach gute Laune machen, wäre dieses Buch nicht vollständig. Ich bin so froh, dass wir dich gefunden haben!

An Nikki Thomas, weil du mit nur etwa 24 Stunden Vorbereitungszeit ein mega-krasses Autorinnenfoto von mir gemacht hast, mit dem ich mir sehr cool vorkomme.

Und natürlich an all meine queeren Freund*innen, ganz besonders Bren, Ellen, Krish, Nikki, Ruby und Yaz, fürs Anhören all meiner wirren Sprachnachrichten, während ich mir den Kopf darüber zerbochen habe, wie ich dieses Buch schreiben soll – und weil ihr auf eure wunderbare, authentische Weise so seid, wie ihr seid.

JACKY

Ich möchte der*dem Ersteller*in der Queercore-Playlist auf Spotify danken – und natürlich meiner queeren Girlgang, weil der Gruppenchat mit euch regelmäßig der Resonanzraum für meine Ideen war: Helen, Ciara & Kingzo.

Danke auch an Cola Light, meinen Partner Billy und meine Mitbewohnerin und Illustrationskollegin Fiona für den seelischen Support während der Arbeit an diesem Buch.

Ein Riesendankeschön auch an Karissa für all ihre Geduld und ihre tolle Designarbeit, und zu guter Letzt an Rowan, für ein so wichtiges und lehrreiches Buch, das ich gut hätte gebrauchen können, als ich ein Teenie war.

HAFSA

Ich danke meiner besseren Hälfte Nic – denn du liebst mich nicht obwohl, sondern *weil* ich bin, wie ich bin.

ANNIE

Danke an meine Wahlfamilie und meine Communitys – es ist einfach wunderbar, dass es euch gibt!

MIKAELA

Zuerst möchte ich Rowan danken, weil sie all das hier möglich gemacht hat, weil sie mich kontaktiert und gefragt hat, ob ich Teil dieses großartigen Projekts sein will, und weil sie ziemlich viel Geduld mit meinem ersten Entwurf hatte. Ich danke Lucy, weil wir eine fantastische Verbindung hatten (und sie auch sehr geduldig war), den anderen Gastautor*innen in diesem Buch – ich fühle mich ganz klein neben euch, aber auch sehr geehrt – und den Menschen, die meine Geschichte im echten Leben miterlebt haben, sodass ich sie mit euch teilen konnte: Annie, Paige und ganz besonders meiner Partnerin Sarah, ohne die ich weder eine Geschichte zu erzählen hätte noch das Selbstbewusstsein, sie als erzählenswert zu erachten.

Und an alle queeren, trans*, *disfigured* und behinderten Menschen da draußen: Danke, dass ihr am Leben seid. Zu leben ist genug. Ihr seid genug.

LEONIE

Danke an meine Wahlfamilie für die letzten zehn Jahre, eure Akzeptanz, eure Unterstützung und dafür, dass ich bei euch immer einen sicheren Ort habe. Anika, Nathalie, Mona, Meike, Melissa und Mirco, I love you to pieces! Danke an meinen Beziehungsmenschen für das Gefühl, angekommen zu sein. Du bist mein Zuhause. Danke an meine Community, die mir geholfen hat, meine Stimme zu finden und mir den Mut gibt, sie zu benutzen. Und natürlich: Danke an Rowan, Jacky und alle am Buch Beteiligten, dass ich Teil dieses wundervollen Projekts sein durfte.

MIX
Papier | Fördert
gute Waldnutzung
FSC® C002795

Wir produzieren
nachhaltig
• Klimaneutrales Produkt
• Papiere aus nachhaltigen
  und kontrollierten Quellen
• Hergestellt in Europa

© 2024 Carlsen Verlag GmbH, Völckersstraße 14–20, 22765 Hamburg
© der englischen Originalausgabe by Quarto Publishing plc.
First published in 2022 by Frances Lincoln Children's Books,
an imprint of The Quarto Group
Text: © 2022 Rowan Ellis
Illustrationen: © 2022 Jacky Sheridan
Essays: © Annie Segarra, Hafsa Qureshi, Mikaela Moody,
Maz Hedgehog, Leonie Plaar
Übersetzung: Hanna Fliedner
Sensitivity Reading: Tina Kalinowski
Lektorat: Birte Spreng
Redaktion: Cordula Thörner
Grafik, Layout und Satz der deutschen Ausgabe: Gunta Lauck
Produktionsmanagement: Anja Bergmann
ISBN: 978-3-551-25159-6